Andrea Erkert · Ilka Röhling

WIR IN BEWEGUNG

Kooperative Bewegungs- und Geschicklichkeitsspiele im Kindergarten

Kaufmann

DIE AUTORIN

Andrea Erkert hat sich als Autorin spielpädagogischer Bücher längst einen Namen gemacht. Die Erzieherin, Entspannungspädagogin und Fachlehrerin einer Grundschulförderklasse veröffentlichte bereits zahlreiche Bücher für den Krippen-, Kindergarten-, Grundschul- und Seniorenbereich. Sie führt Elternabende durch und leitet Fortbildungen zu unterschiedlichen pädagogischen Themen im In- und Ausland. Wichtig ist ihr, den Erzieher*innen und Lehrer*innen verschiedene Wege aufzuzeigen, wie sie jederzeit und ohne viel Zutun die Kinder in der Gruppe oder Klasse ganzheitlich fordern und fördern können. Bei Kaufmann sind von ihr die folgenden Bücher erschienen:

Tschüss, Ärger, Zorn und Wut
Spielerisch mit Wut und anderen negativen Emotionen umgehen lernen

Wir bleiben cool!
Spielerisch innere und äußere Störreize ausblenden und sich selbst regulieren lernen

Psst, manchmal ist auch leise schön!
Ruhemomente im Kindergarten schaffen

Anfragen für ganz- oder halbtägige Fortbildungen und Elternabende richten Sie bitte an:

Andrea Erkert, Allensteiner Str. 8, 71570 Oppenweiler
Tel. 07191 908357, Mobil: 0151 18533976

E-Mail: andrea.erkert@icloud.com

Bibliografische Information der Deutschen Bibliothek
Die Deutsche Bibliothek verzeichnet diese Publikation in der Deutschen Nationalbibliografie; detaillierte bibliografische Daten sind im Internet über http://dnb.ddb.de abrufbar.

1. Auflage 2022

Texte: Andrea Erkert
Illustrationen: Ilka Röhling
Druck und Bindung: ADverts Printing House

ISBN 978-3-7806-5182-2

INHALT

AUF EIN WIEDERSEHEN 85

VORWORT

Suchen Sie nach Bewegungsspielen, bei denen miteinander und nicht gegeneinander auf einem überschaubaren Spielfeld oder gar im Morgenkreis gespielt wird?
Der vorliegende Praxisbegleiter bietet Ihnen jede Menge Bewegungsspiele ohne Sieger und Verlierer, die sich explizit für **Kinder im Alter zwischen drei und sechs Jahren** eignen.

Die Spielideen aus diesem Buch fördern den Zusammenhalt und tragen selbst zwischen den spielerisch stärkeren und schwächeren Kindern zu einer guten Stimmung bei, da der ungetrübte Spielspaß stets im Vordergrund steht. Es wird miteinander gelacht, geschwitzt, gekämpft und dabei auch so manche Aufgabe gemeistert.

Die Bewegungsspiele ohne Sieger und Verlierer eignen sich nicht nur für bestehende Gruppen, sondern auch für solche, die sich gerade erst gefunden haben. Indem die Kinder während des Spielverlaufs miteinander kommunizieren, sich gegenseitig Vertrauen schenken und sich untereinander kooperativ verhalten, wird die Bindung zwischen den einzelnen Kindern gestärkt, sodass sie zu einer echten Gemeinschaft zusammenwachsen.

Die nachfolgenden Bewegungsspiele, die je nach ihrem Schwerpunkt den einzelnen Kapiteln zugeteilt wurden und für die, falls überhaupt notwendig, kaum Materialien benötigt werden, bewirken jedoch bedeutend mehr: Sie fördern die Motorik, die Koordinationsfähigkeit, die Wahrnehmung, die Konzentration, das Reaktionsvermögen, die Ausdauerbereitschaft, das Selbstvertrauen, das Sozialverhalten und, nicht zu vergessen, die Bewegungsfreude, die Sie in besonderem Maße nun gemeinsam mit den Kindern entdecken und erleben können.

ZUM AUFBAU DES BUCHES

Es gibt insgesamt **sieben Kapitel**, die viel Wissenswertes für die Kitapraxis enthalten.

Los geht's mit **Bewegungsspielen zum Begrüßen und zum Kennenlernen,** die für einen harmonischen und guten Anfang sorgen. Sie tragen dazu bei, dass sich alle sofort wohl und angenommen fühlen und gut in den neuen Tag starten können.

Danach folgen jede Menge abwechslungsreiche **Aufwärmspiele zum Fit- und Munterwerden.** Sie verbreiten vor allem auch gute Laune und steigern die Vorfreude auf das Kommende.

Dementsprechend können dann **kooperative Gruppenspiele mit Bällen, Reifen, Luftballons & Co.** durchgeführt werden, die im dritten Kapitel zu finden sind. Sie fördern den Wir-Gedanken und bieten durch den Einsatz der begehrten Spielobjekte ganz viel Spielspaß.

Im Anschluss daran werden jede Menge originelle **Geschicklichkeitsspiele für noch mehr Zusammenhalt in der Gruppe** vorgestellt. Die Spielideen aus dem vierten Kapitel dienen auch dazu, die eigenen Fähigkeiten zu entdecken und Grenzen auszutesten.

Schwungvoll und musikalisch geht es im fünften Kapitel zu. Die **Sing- und Tanzspiele fördern die Beziehung zu sich selbst und anderen.** Die Kinder machen auf vielfältige Weise musikalische Erfahrungen und entdecken dabei so manche Kompetenzen, die sie gewinnbringend in der und für die Gruppe einsetzen können.

Wohltuende **Ruheideen, bei denen alle durch Bewegung zur Ruhe kommen,** gibt es im sechsten Kapitel. Der Wechsel zwischen Ruhe und Bewegung tut gut und macht in der Gruppe besonders viel Spaß. Indem die Kinder das Ganze gemeinsam erleben und dabei auch den Gruppenzusammenhalt spüren, wird besonders das Wir-Gefühl gestärkt.

Das siebte und letzte Kapitel enthält jede Menge **Bewegungsspiele zum Verabschieden.** Denn so gut, wie alles angefangen hat, soll es schließlich auch wieder enden, sodass die Vorfreude auf noch viele weitere Bewegungsspiele in der Gruppe gesteigert wird.

Kapitel 1

Ruckzuck aufgenommen

In Bewegung kommen, „Hallo!“ sagen und sich kennenlernen

In Bewegung kommen, miteinander in Kontakt treten und sich gegenseitig begrüßen, und gegebenenfalls namentlich ansprechen lernen, ist mehr als ein schöner Anfang. Die Kinder spüren sofort, dass sie willkommen sind und zur Gruppe gehören. Ein so schöner Einstieg ist sozusagen die Basis für das Weiterspielen in der Gruppe.
Im ersten Kapitel finden Sie jede Menge Spielideen zum Begrüßen und zum Kennenlernen, die Sie blitzschnell mit jeder kleineren und größeren Kitagruppe durchführen können. Dabei handelt es sich nicht nur um Praxisideen für den Morgenkreis, sondern auch für den Bewegungsraum, sodass ein guter Start mit Ihrer Zielgruppe nahezu überall möglich ist.

ZUFALLSBEGEGNUNG

STUHLKREISSPIEL

Alter ab 4 Jahren

Dazu brauchen Sie Tanzmusik

Die Kinder bilden einen großzügigen Stuhlkreis. Ein beliebiges Kind steht auf und begibt sich in die Kreismitte.
Zum Rhythmus der Musik klatschen alle Kinder im Stuhlkreis in die Hände.
Das übrige Kind läuft direkt auf eines der sitzenden Kinder zu, um mit diesem den Platz zu tauschen. Während nun das erste Kind im Kreis sitzt und ebenfalls im Takt in die Hände klatscht, läuft das zweite Kind in Richtung eines anderen, um die Plätze zu wechseln.
Auf diese Weise geht es immer weiter, bis Sie die Musik stoppen. Das übrige Kind im Innenkreis setzt sich nun auf den freien Stuhl. Am Schluss darf jedes Kind die zwei Kinder, die gerade links und rechts neben ihm auf der Kreisbahn sitzen, per Handschlag begrüßen.

BEGEGNUNGSHOF

BEWEGUNGSSPIEL

Alter ab 3 Jahren

Dazu brauchen Sie ein Kissen für jedes Kind, eine Handtrommel

Legen Sie einen großzügigen Kreis aus Kissen, und zwar so, dass immer zwei Kissen ganz nah beisammen liegen. Sollte eine ungerade Anzahl an Kindern mitspielen, legen Sie einfach eine Dreiergruppe auf die Kreisbahn.
Die Kinder verteilen sich nun im Innenkreis und knien sich auf den Boden.
Erzählen Sie den Kindern, dass sie sich auf einem Bauernhof befinden. Welche Tiere gibt es dort wohl zu entdecken? Die Kinder rufen ihre Antworten einfach heraus. Wurden ein paar Bauernhoftiere wie Schweine, Kühe, Hühner und Pferde benannt, geht es los!
Auf Ihre Anweisung hin spielen nun alle Kinder z. B. Enten. Die Kinder watscheln oder „flattern" mit den Flügeln wie Enten so lange im Innenkreis herum, bis ein kräftiger Trommelschlag Ihrerseits erfolgt. Das ist das akustische Signal für alle, möglichst schnell ein „Entennest" aufzusuchen. Jedes Kind setzt sich nun auf ein freies Kissen. Immer wenn ein Paar oder eine Dreiergruppe gebildet wurde, dürfen sich diese gegenseitig begrüßen.

Im Anschluss daran dürfen alle Kinder wieder aus ihren „Nestern" herauskommen und im Innenkreis auf Ihre Anweisung hin z. B. Ziegen spielen.
Genauso vergnügt geht es später auch noch mit ein paar anderen Bauernhoftieren zu, die sich alle erst einmal so wie in den vorherigen Spielrunden beschrieben im Innenkreis treffen.

HALLI! HALLO!

KREISSPIEL

Alter **ab 5 Jahren**

Dazu brauchen Sie **eine Handtrommel**

Die Kinder stehen zusammen im Kreis. Ein Kind beginnt und wendet sich dem links von ihm stehenden Kind zu. Es sagt laut „Halli!". Das betreffende Kind antwortet ihm, indem es „Hallo!" sagt. Nun wendet sich das zweite Kind seinem linken Nachbarn zu, um „Halli!" zu sagen. Das dritte Kind in der Runde erwidert den Gruß, indem es „Hallo!" sagt. Währenddessen verlässt das erste Kind den Kreis und läuft sich warm.
Auf diese Weise geht es immer weiter, bis alle Kinder einzeln durch den Raum laufen.
Kurz darauf erfolgt ein kräftiger Trommelschlag Ihrerseits. Daraufhin bilden alle einen geschlossenen Kreis. Das ist für Sie eine gute Gelegenheit, um die Gruppe herzlich zu begrüßen und allen eine fröhliche Spielzeit zu wünschen.

LUSTIGE BEGEGNUNGEN

BEWEGUNGSSPIEL

Alter ab 4 Jahren

Dazu brauchen Sie eine Handtrommel, evtl. vier Markierungskegel

Zum Rhythmus Ihres Trommelspiels laufen alle Kinder kreuz und quer auf einem überschaubaren Spielfeld herum, das Sie zuvor mithilfe von vier Markierungskegeln kennzeichnen können. Sobald das Getrommel verstummt, bilden die Kinder Paare. Sollte sich eine ungerade Anzahl an Kindern auf dem Spielfeld tummeln, machen Sie einfach mit. Danach sagen Sie Folgendes:

„Hallo!", sage ich dir.
„Hallo!", sagt du mir mit ... *(Körperteil benennen, wie z. B. „dem Popo")*.

In diesem Fall dürfen sich immer zwei Kinder zur Begrüßung mit ihrem Gesäß berühren. Danach setzt das Trommelspiel wieder ein, zu dem alle Kinder einzeln im Takt so lange auf dem Spielfeld herumlaufen, bis das Trommeln abermals verstummt. Mithilfe des Spruchs benennen Sie ein weiteres Körperteil, mit dem sich die neu gebildeten Paare begrüßen dürfen. Nach ein paar Spielrunden, bei denen die Lachmuskeln garantiert nicht zu kurz kommen, ist das Begrüßungsspiel beendet.

HERZLICH WILLKOMMEN IN UNSEREM KREIS

BEWEGUNGSSPIEL

Alter ab 3 Jahren

Dazu brauchen Sie vier bis sechs Gymnastikreifen, eine Handtrommel

Legen Sie auf einem übersichtlichen Spielfeld die Gymnastikreifen auf den Boden. Diese sollten jedoch nicht zu nah beieinander liegen.
Die Kinder verteilen sich auf dem Spielfeld und dürfen auf Ihre Anweisung hin im Takt Ihres Trommelspiels z. B. mit geschlossenen Beinen um die einzelnen Reifen herumhüpfen. Das geht jedoch nur so lange, bis Sie mit dem Trommeln aufhören. Daraufhin springen die Kinder in einen Reifen ihrer Wahl. Stehen alle Kinder in den Reifen, begrüßt jedes Kind diejenigen Kinder, die auch in seinem ausgewählten Reifen stehen.

Sollte sich ein Kind alleine in einem Reifen befinden, darf es sich rasch zu einer der anderen Gruppen gesellen oder wird einfach von Ihnen herzlich begrüßt.
Unabhängig davon verlassen alle so schnell wie möglich ihre Reifen, sobald das Trommelspiel Ihrerseits wieder einsetzt. In dieser Spielrunde können die Kinder dann auf Ihr Kommando hin im Takt z. B. auf allen vieren oder sogar rückwärts um die einzelnen Reifen herumlaufen.
Nach ein paar Durchgängen ist das Begrüßungsspiel mit den Reifen beendet.

IM RAMPENLICHT

BEWEGUNGSSPIEL

Alter **ab 4 Jahren**

Dazu brauchen Sie **eine helle Taschenlampe, eine Trillerpfeife, evtl. vier Markierungskegel**

Die Kinder verteilen sich auf einem überschaubaren Spielfeld, das Sie mithilfe von vier Markierungskegeln kennzeichnen können. Den Raum können Sie etwas abdunkeln.
Die Kinder laufen nun kreuz und quer auf dem Spielfeld herum. Das geht so lange, bis die Trillerpfeife zum Einsatz kommt. Die Kinder bleiben sofort stehen und sind gespannt, wer von ihnen gleich im Rampenlicht stehen wird.
Indem Sie nun mit der Taschenlampe in Richtung eines Kindes leuchten, sagen Sie laut:

„… *(Vornamen des Kindes einsetzen)* ist heute da.
Das freut uns sehr! Hurra! Hurra!"

Danach schalten Sie die Lampe wieder aus. Die Kinder führen ihren Lauf fort und warten darauf, wer beim nächsten Pfiff im Rampenlicht stehen und somit von Ihnen namentlich benannt wird.
Erst wenn alle Kinder aufgerufen wurden, ist das Spiel beendet.

HURRA! WIR SIND DA!

TANZSPIEL

Alter ab 4 Jahren

Dazu brauchen Sie Tanzmusik

Alle Kinder bis auf eines stehen in einer Reihe mit dem Rücken zur Wand.
Drei bis vier Kinder, die Sie namentlich begrüßen, dürfen die Tanzfläche bzw. das Spielfeld betreten. Schalten Sie die Musik ein, zu der die Kinder nun Hand in Hand im Kreis herumtanzen. Alle übrigen Kinder klatschen im Takt in die Hände. Irgendwann drehen Sie die Musik leiser und begrüßen ein paar weitere Kinder, die mit den anderen im Kreis tanzen dürfen, sobald Sie die Musik wieder aufdrehen.
Das Tanzspiel wird auf diese Art und Weise so lange fortgesetzt, bis alle Kinder einen geschlossenen Kreis bilden. In diesem Moment schalten Sie die Musik ab und begrüßen herzlich die Gruppe. Im Anschluss daran heben alle Kinder gemeinsam ihre Arme in die Luft und rufen laut:

„Hurra! Wir sind da!"

GUTEN MORGEN, IHR LIEBEN!

KREISSPIEL

Alter ab 4 Jahren

Die Kinder bilden einen großzügigen Kreis. Ein beliebiges Kind fängt an und begrüßt das Kind, das links neben ihm auf der Kreisbahn steht, folgendermaßen:

„Guten Morgen, liebe(r) … *(Vornamen des Kindes einsetzen)*!"

Dabei springen das sprechende Kind sowie alle übrigen Kinder zu jeder Silbe in die Luft.
Im Anschluss daran darf das namentlich erwähnte Kind das Kreisspiel auf die gleiche Weise fortsetzen und sein linkes Nachbarskind begrüßen. Dabei springen wieder alle Kinder zu jeder Silbe in die Luft.
Erst wenn alle Kinder namentlich begrüßt wurden, sind Sie an der Reihe, indem Sie nun am Schluss:

„Guten Morgen, ihr Lieben!"

sagen. Auch dieses Mal springen wieder alle zu jeder Silbe in die Luft.

HALLO, HALLO ...

BEWEGUNGSSPIEL

Alter ab 3 Jahren

Dazu brauchen Sie ein Schwungtuch

Zu Beginn breiten Sie ein großes Schwungtuch aus. Die Kinder knien sich um das Schwungtuch herum.
Während nun die Kinder ihre Augen schließen, tippen Sie heimlich einem Kind auf die Schulter, das seine Augen öffnen und leise unter das Schwungtuch krabbeln darf.
Auf Ihr Kommando hin dürfen nun auch alle übrigen Kinder ihre Augen öffnen. Sie nehmen die Ränder des Schwungtuchs gemeinsam in die Hände und machen viele kleine Wellenbewegungen. Während nun das Kind unter dem Tuch mehrmals hintereinander „Hallo!" ruft, sagt die Gruppe laut:

„Wer begrüßt uns da?"

Danach zählen Sie bis drei. Bei der letzten Zahl krabbelt das Kind unter dem Tuch hervor. Daraufhin sagt die Gruppe laut:

„Das ist … *(Vornamen des Kindes einsetzen)*. Hurra!"

Das Spiel wird so lange wiederholt, bis jedes Kind einmal unter das Schwungtuch krabbeln konnte und von der Gruppe so namentlich begrüßt wurde.

EINFACH ABKLATSCHEN

BEWEGUNGSSPIEL

Alter ab 5 Jahren

Dazu brauchen Sie eine Trillerpfeife

Alle Kinder bis auf eines verteilen sich auf einem überschaubaren Spielfeld. Erfolgt der Startpfiff, geht es los. Das übrige Kind läuft so schnell wie möglich in Richtung eines Kindes, um „Hallo!" zu sagen und dabei das Kind mit beiden Händen abzuklatschen. Beide Kinder laufen dann los, um jeweils ein anderes Kind auf die gleiche Weise zu begrüßen.
Danach sind vier Kinder unterwegs, die sich wiederum jeweils ein Kind suchen, das auf dem Spielfeld steht und somit noch nicht mit beiden Händen abgeklatscht und begrüßt wurde.
Erst wenn alle Kinder in Bewegung sind und sich gemeinsam warmlaufen konnten, pfeifen Sie das Spiel ab.

WER SITZT IM HÄUSCHEN?

BEWEGUNGSSPIEL

Alter ab 4 Jahren

Dazu brauchen Sie eine Handtrommel

Die Hälfte der Kinder verteilt sich auf einem überschaubaren Spielfeld. Dort angekommen stellen sich die Kinder etwas breitbeinig auf ihren Platz hin und stellen so ein Mäuseloch dar. Die übrigen Kinder spielen Mäuse und krabbeln auf allen vieren auf dem Spielfeld herum. Allerdings nur so lange, bis Sie einmal kräftig trommeln und schließlich sagen:

„Hallo, ihr lieben Mäuschen,
sucht euch bitte ein Häuschen!"

Sobald die „Mäuschen" in einem „Häuschen" sitzen, bitten Sie jedes Paar, sich gegenseitig zu begrüßen und, falls sie einander noch fremd sein sollten, sich namentlich vorzustellen.
Danach findet eine neue Spielrunde mit getauschten Rollen statt.
Das Spiel wird noch drei- bis viermal wiederholt, sodass jedes Kind ein paar Kinder aus der Gruppe begrüßen und sich ihnen auch gegebenenfalls vorstellen konnte.

WÜRFELRUNDE

KREISSPIEL

Alter ab 5 Jahren
Dazu brauchen Sie einen großen Soft-Spielwürfel, eine Handtrommel

Die Kinder bilden einen Kreis. Einem der Kinder legen Sie einen großen Soft-Spielwürfel direkt vor die Füße. Zum Rhythmus Ihres Trommelspiels laufen alle Kinder links im Kreis herum. Irgendwann stoppen Sie das Trommeln. Daraufhin bleiben alle Kinder sofort stehen und drehen sich in Richtung Kreismitte. Das Kind, das nun vor dem Würfel stehen geblieben ist, wird von der Gruppe begrüßt. Das Kind darf sich auch namentlich vorstellen.
Anschließend würfelt es in Richtung Kreismitte. Wurde z. B. die Zahl 3 gewürfelt, darf es drei Dinge über sich verraten. Das kann ein Hobby, der Name eines Freundes oder einfach ein Lieblingsgericht sein. Danach holt es den Würfel und geht wieder auf seinen Platz zurück. Den Würfel legt es direkt vor seinen Füßen ab, sodass eine neue Spielrunde beginnen kann.
Auf diese Weise geht es immer weiter, bis alle Kinder einmal würfeln und etwas von sich preisgeben konnten. Sollte ein Kind vor dem Würfel stehen, das bereits an der Reihe gewesen ist, übergibt es einfach den Würfel an ein anderes Kind.

ICH HÜPFE ZU DIR

KREISSPIEL

Alter ab 3 Jahren

Die Kinder stehen zusammen im Kreis. Eines der Kinder beginnt und sagt z. B.:

„Hallo! Ich heiße … *(Vornamen einsetzen)* und kann schon … *(z. B. auf einem Bein hüpfen, auf allen vieren krabbeln oder tanzen)*“

Je nachdem, was das Kind gesagt hat, darf es sich auf die gleiche Weise in Richtung eines Kindes bewegen, um mit ihm den Platz zu tauschen. Danach darf das ausgewählte Kind sich auf die gleiche Weise der Gruppe namentlich vorstellen und dabei auch eine Bewegungsart benennen, die es gut beherrscht.
Das Spiel ist aus, sobald alle Kinder zumindest einmal an der Reihe gewesen sind und somit ihren Platz wechseln konnten.

TEDDY SAGT NUN „HALLO!“

BEWEGUNGSSPIEL

Alter ab 4 Jahren

Dazu brauchen Sie einen Teddy, eine Handtrommel

Eines der Kinder erhält von Ihnen einen Teddy, den Sie „zum Leben erwecken“. Der „Teddy“ begrüßt nun das Kind und möchte wissen, wie es heißt. Danach fangen Sie zu trommeln an. Die Kinder dürfen nun im Takt kreuz und quer durch den Raum laufen. Das geht so lange, bis das Getrommel stoppt. Daraufhin darf dasjenige Kind, das den Teddy hat, den Bären an ein anderes Kind übergeben. Sie lassen erneut den Teddy zu Wort kommen, indem Sie am besten stets mit einer tiefen, etwas brummig klingenden Stimme das betreffende Kind begrüßen und es fragen, wie es heißt. Danach fangen Sie erneut das Trommelspiel an, zu dem sich alle wieder im Takt durch den Raum bewegen.
Das Spiel ist aus, sobald jedes Kind einmal den Teddy erhalten hat.

HALLO! DAS BIN ICH

KREISSPIEL

Alter ab 4 Jahren

Dazu brauchen Sie eine Handtrommel

Die Kinder bilden einen großzügigen Kreis. Eines der Kinder beginnt und sagt Folgendes:

„Hallo! Ich heiße … *(Vornamen des Kindes einsetzen)* und bin fit.
Schaut her, was ich kann. Wer von euch macht sofort mit?“

Das Kind kann nun z. B. auf der Stelle hüpfen, joggen, wie ein Hampelmann springen oder einfach die Hände in die Hüfte stemmen und sich dabei um die eigene Achse drehen. Die übrigen Kinder dürfen alles sofort nachmachen. Das geht so lange, bis Sie einmal kräftig trommeln. Danach kommt dasjenige Kind an die Reihe, das links neben dem vorherigen Kind auf der Kreisbahn steht. Es stellt sich nun auf die gleiche Weise namentlich vor, bevor es den übrigen Kindern von seinem Platz aus eine neue Bewegungsart präsentiert.
Das Kreisspiel ist beendet, sobald alle Kinder gesagt haben, wie sie heißen, und dabei auch etwas Sportliches vormachen konnten.

WER IST NUN DRAN?

KREISSPIEL

Alter **ab 5 Jahren**

Die Kinder stehen im Kreis beisammen. Ein beliebiges Kind fängt an und sagt:

„Hallo! Ich heiße … *(Vornamen des Kindes einsetzen)* und das kann ich!"

Das Kind kann z. B. ein paarmal auf der Stelle hüpfen, bis es schließlich auf ein anderes Kind deutet. Dabei sagt es laut:

„Und wie heißt du? Das frage ich mich!"

Das betreffende Kind darf dann seinen Vornamen verraten, bevor es auf die gleiche Weise eine neue Spielrunde beginnt, bei der es auf der Stelle hüpfen oder etwas Neues machen kann, wie z. B. Kniebeugen, abwechselnd mit den Armen nach vorne kreisen etc.
So geht es immer weiter, bis sich alle Kinder namentlich vorstellen konnten.

WER HAT DAS WORT?

SITZKREISSPIEL

Alter **ab 3 Jahren**
Dazu brauchen Sie **einen Softball, eine Handtrommel**

Die Kinder sitzen mit leicht gegrätschten Beinen im Kreis beisammen. Eines der Kinder erhält von Ihnen einen Softball, den es einem anderen Kind zurollt und dabei laut „Hallo!" sagt. Das betreffende Kind tut es ihm gleich und rollt den Ball ebenfalls einem Kind zu, das es ebenfalls mit „Hallo!" begrüßt.
So geht es immer weiter, bis Sie einmal trommeln. Dasjenige Kind, das nun gerade den Ball hat, darf sich, falls die Kinder einander noch fremd sind, namentlich vorstellen. Unabhängig davon darf es der Gruppe kurz mitteilen, was es am liebsten spielt. Danach fängt eine neue Spielrunde an. Nach ein paar Durchgängen erhalten diejenigen Kinder, die noch nicht an der Reihe gewesen sind, nacheinander den Ball und somit das Wort.

WER FÄNGT NUN AN?

KREISSPIEL

Alter ab 3 Jahren

Dazu brauchen Sie eine Handtrommel

Die Kinder bilden einen großzügigen Kreis. Ein beliebiges Kind startet das Kreisspiel und sagt:

„Guten Morgen! Ich fange an!"

Daraufhin kann es z. B. auf der Stelle hüpfen, joggen oder wie ein Hampelmann springen. Alle übrigen Kinder ahmen sofort alles nach. Allerdings nur so lange, bis Sie einmal kräftig trommeln und zu dem Kind sagen:

„Und wer ist jetzt wohl dran?"

Das Kind schaut sich rasch in der Runde um und wählt nun ein anderes Kind aus, das jetzt die Gruppe begrüßen und eine neue Bewegungsart zum Besten geben darf.
Auf diese Weise geht es immer weiter, bis alle Kinder einmal die Gruppe begrüßen und dabei auch voller Stolz zeigen konnten, was sie bereits können.

KAPITEL 2

MITEINANDER IN BEWEGUNG KOMMEN

Bewegungsintensive Spielideen, die fröhlich und fit machen

Den Allermeisten dürfte wohl das klassische Einlaufen bekannt sein, bei dem man ein paar Minuten locker in der Turnhalle herumläuft. Besonders viel Spaß machen jedoch Praxisideen, die nicht nur dem reinen Aufwärmen dienen, sondern auch verschiedene Möglichkeiten eröffnen, um miteinander warm, fit und munter zu werden. Im Folgenden finden Sie nun ein tolles Repertoire an bewegungsintensiven Spielideen, bei denen die Kinder u. a. ihren Kreislauf anregen, ihre Muskeln warm machen, locker aufeinander zugehen und dabei ohne viel Zutun die bereits bestehende Gemeinschaft festigen. Die Praxisideen sind unterhaltsam und so aufgebaut, dass jedes Kind in der Gruppe sofort mitmachen kann.

Locker, flockig und rockig

Tanzspiel

Alter ab 4 Jahren
Dazu brauchen Sie Tanzmusik (z. B. Rock 'n' Roll)

Die Kinder bilden einen großen Kreis. Ein beliebiges Kind beginnt und sagt z. B.:

„Locker, flockig, locker, flockig.
Mit den Füßen wird's rockig!"

Daraufhin schalten Sie die Musik ein, zu der nun alle auf der Stelle im Takt tanzen. Irgendwann stoppen Sie die Musik. Das Kind, das links neben dem ersten Kind steht, darf das Tanzspiel mit einem neuen Körperteil fortsetzen, sobald die Musik wieder läuft. Dabei sagt es z. B.:

„Locker, flockig, locker, flockig.
Mit den Händen wird's rockig!"

In diesem Fall klatschen alle im Takt so lange in die Hände, bis Sie erneut die Musik anhalten und das dritte Kind in der Runde auf die gleiche Weise ein neues Körperteil benennt, mit dem dann das Tanzspiel fortgesetzt wird.
Das Spiel hört mit dem Ende der Musik auf. Sollten jedoch noch nicht alle Kinder an der Reihe gewesen sein, lassen Sie die Musik einfach erneut laufen.

Tanz zum Aufwärmen

Tanzspiel

Alter ab 3 Jahren
Dazu brauchen Sie Tanzmusik

Die Kinder stehen im Kreis beisammen und dürfen sich zum Rhythmus der Tanzmusik nach Herzenslust auf der Stelle bewegen. Dabei können sie ihre Hände in die Hüfte stemmen und sich um die eigene Achse drehen, auf den Boden stampfen, ihre Arme in der Luft hin und her schwingen und vieles mehr. Während die Kinder vergnügt auf der Stelle tanzen, weisen Sie willkürlich auf einzelne Kinder hin, um die übrigen Kinder dazu zu animieren, es dem betreffenden Kind gleichzutun. Auf diese Weise lernen die Kinder, sich gegenseitig intensiv zu beob-

achten und verschiedene Bewegungsarten aufzugreifen, die sie natürlich auch durch eigene Bewegungsideen ergänzen und erweitern können.
Der Tanz ist beendet, sobald jedes Kind einmal von Ihnen benannt wurde und den anderen etwas vormachen konnte.

FITNESSTRAINER*IN

KREISSPIEL

Alter ab 5 Jahren
Dazu brauchen Sie Tanzmusik

Alle Kinder bis auf eines bilden einen großzügigen Kreis. Das übrige Kind stellt sich in die Kreismitte und spielt den Fitnesstrainer oder die Fitnesstrainerin. Zum Rhythmus der Tanzmusik macht das Kind nun eine Gymnastikübung vor, die alle sofort nachahmen. Das geht so lange, bis die Musik stoppt.
Das Kind wechselt den Platz mit einem anderen, das nun ausgehend von der Kreismitte eine neue Gymnastikübung vorstellt.
Auf diese Weise geht es immer weiter, bis das Musikstück beendet ist und somit alle Kinder fit und munter sind.

Beispiele für die Kindergymnastik:
- gehen am Platz
- abwechselnd die Knie hochheben
- Rad fahren in Rückenlage
- mit den Fingern in der Luft Klavier spielen
- abwechselnd Arme nach vorne und hinten schwingen
- Unterarme vor dem Körper umeinanderkreisen lassen

ORCHESTERPROBE

KREISSPIEL

Alter ab 4 Jahren
Dazu brauchen Sie Tanzmusik

Die Kinder brauchen Bewegungsfreiheit und somit genügend Platz auf der Kreisbahn. Erzählen Sie den Kindern, dass jedes Orchester probt, bevor es vor einem Publikum auftritt. Das ist so ähnlich wie beim Warmlaufen vor den Bewegungsspielen.
Zu Beginn darf sich jedes Kind ein Instrument überlegen, das es gerne pantomimisch darstellen möchte. Eines der Kinder startet das Musikspiel, sobald die Musik erklingt. Es kann nun im Takt z. B. mit den Fingern in der Luft Klavier spielen. Die übrigen Kinder ahmen sofort alles nach. Irgendwann stoppen Sie die Musik. Nun darf das Kind, das links neben dem ersten Kind steht, sein Instrument vorstellen, sobald die Musik wieder zu hören ist. Dabei kann es z. B. im Takt so tun, als ob es trommeln, Gitarre oder Trompete spielen würde. Die übrigen Kinder ahmen alles nach und kopieren dabei wie ein Spiegelbild die rhythmischen Körperbewegungen, die das betreffende Kind zum Besten gibt. Das geht wieder so lange, bis die Musik stoppt und somit das nächste Kind an die Reihe kommt.
Sobald alle Kinder dran gewesen sind, dürfen die Kinder miteinander Musik machen, indem sie alle ihre Instrumente gleichzeitig pantomimisch zum Einsatz bringen. Die „Orchesterprobe" endet mit dem Musikstück.

QUATSCH-LAUFRUNDE

BEWEGUNGSSPIEL

Alter ab 4 Jahren

Dazu brauchen Sie evtl. vier Markierungskegel

Alle Kinder verteilen sich auf einem überschaubaren Spielfeld, das Sie mithilfe von vier Markierungskegeln kennzeichnen können.
Während die Kinder nun durch den Raum laufen, dürfen sie auch Quatsch machen, indem sie z. B. eine lange Nase machen oder mit den Fingern den Mund langziehen. Nach einer Weile machen Sie einen kräftigen Trommelwirbel. Das ist das Zeichen für alle, sofort stehen zu bleiben. Auf Ihre Anweisung hin dürfen die Kinder z. B. auf der Stelle hüpfen, bevor sie schließlich auf Ihr Kommando mit viel Blödsinn im Kopf erneut loslaufen dürfen. Das geht so weiter, bis erneut ein kräftiger Trommelwirbel erfolgt, bei dem die Kinder stehen bleiben und z. B. auf der Stelle Kniebeugen machen.
Auf diese Weise finden noch ein paar Zwischenstopps statt, bevor Sie den Quatsch-Lauf mit einem kräftigen Trommelschlag beenden.

QUATSCH-GYMNASTIK

KREISSPIEL

Alter ab 4 Jahren

Dazu brauchen Sie Tanzmusik

Zu Beginn stellen sich alle Kinder mit ein wenig Abstand im Kreis auf. Danach laden Sie alle Kinder zur Quatsch-Gymnastik ein.
Zum Rhythmus der Musik können Sie dann z. B. wie eine Ente schnattern und dabei den Daumen unter die Achseln strecken und mit den Ellenbogen so wie bei dem berühmten Ententanz flattern. Die Kinder ahmen alles sofort nach. Sind alle im Takt, können Sie sich etwas Neues ausdenken, wie z. B. Pupsgeräusche bei jeder Kniebeuge machen oder wie ein Hampelmann springen und dabei bei jedem Sprung kurz die Zunge rausstrecken. Allein schon bei diesem Anblick dürfte das Gelächter groß sein. Vielleicht fallen den Kindern auch selbst noch Ideen zum Bewegen und Blödsinnmachen ein, die sie dann der Reihe nach zum Besten geben können. Unabhängig davon endet die Quatsch-Gymnastik spätestens nach zwei Musikstücken.

AUTORASTSTÄTTE

BEWEGUNGSSPIEL

Alter ab 4 Jahren

Dazu brauchen Sie einen Gymnastikreifen für jedes Kind, Tanzmusik

Jedes Kind holt sich einen Gymnastikreifen, der ein Autolenkrad darstellen soll. Zum Rhythmus der Tanzmusik sind nun alle „Fahrzeuge" unterwegs. Damit jedoch kein Unfall passiert, fahren bzw. laufen alle Kinder aufmerksam durch den Raum. Sobald die Musik stoppt, legen die Kinder ihren Reifen auf den Boden, der nun einen Autorastplatz darstellt. Auf Ihr Kommando hin dürfen die Kinder sich in ihren Reifen stellen, um sich von dort aus ausgiebig zu recken und zu strecken. Das geht so lange, bis erneut die Musik erklingt. Die Kinder schnappen sich nun wieder jeweils einen Reifen und verlassen sozusagen ihre Autoraststätten, um ihre „Fahrt" und somit den Lauf fortzusetzen. Nach ein paar Zwischenstopps dieser Art rufen Sie zu einem autofreien Tag auf. Daraufhin ist dann für alle die Autofahrt und somit das Spiel beendet.

SPIEGELBILD-GYMNASTIK

PARTNERSPIEL

Alter ab 5 Jahren

Dazu brauchen Sie Tanzmusik

Während sich immer zwei Kinder direkt gegenüber aufstellen, schalten Sie die Tanzmusik ein. Eines der beiden Kinder macht ein paar Gymnastikübungen vor, die ihm gerade in den Sinn kommen. Dabei kann es z. B. abwechselnd mit der rechten und linken Schulter kreisen oder mit der rechten Hand auf den linken waagrecht angehobenen Oberschenkel tippen und kurz darauf alles mit der linken Hand und dem rechten Oberschenkel wiederholen. Dabei macht das Partnerkind sofort mit.

Die Kinder tauschen ihre Rollen, sobald die Musik stoppt. Nun darf dasjenige Kind, das als Spiegelbild fungiert hat, seinem Partnerkind ein paar coole Gymnastikübungen vormachen, die sein Gegenüber sofort nachmacht.

Stoppt die Musik erneut, ist die Gymnastik für alle beendet.

FITNESSLAUF

BEWEGUNGSSPIEL

Alter **ab 5 Jahren**

Indem man das klassische Kinderspiel „Ochs am Berg" etwas ändert, wird daraus ein tolles Spiel zum Aufwärmen und Gymnastikmachen, das dann folgendermaßen durchgeführt wird: Ein Kind wird als Fitnesstrainer*in auserkoren. Es stellt sich mit dem Gesicht von den anderen Kindern abgewandt vor einer Wand auf. Die übrigen Kinder stehen in einer Reihe mit dem Rücken vor der gegenüberliegenden Wand. Während nun das Kind dreimal z. B. wie ein Hampelmann springt, Kniebeugen macht oder mit beiden Händen ganz fest gegen die Wand drückt, laufen alle übrigen Kinder in die Richtung des Kindes. Sobald jedoch das Kind „Stopp!" ruft und sich schließlich umdreht, müssen alle Kinder sofort wie versteinert stehen bleiben. Erwischt das Kind jemanden, der noch läuft, dann geht derjenige auf auf seinen Ausgangsplatz zurück. Alle anderen Kinder starten jedoch die zweite Spielrunde von dem Platz aus, auf dem sie sich gerade befinden. Erreicht eines der Kinder die gegenüberliegende Wand, tauscht es mit dem Kind, das dort bereits steht, die Rolle.
Der Fitnesslauf kann so noch ein paarmal wiederholt werden.

STUHL-SLALOMLAUF

STAFFELSPIEL

Alter **ab 5 Jahren**
Dazu brauchen Sie **eine Trillerpfeife, eine Stoppuhr oder Uhr mit Sekundenzeiger**

Die Kinder bilden eine lange Stuhlreihe und stellen sich hintereinander vor dem ersten Stuhl auf. Erfolgt der Startpfiff, läuft das erste Kind im Slalom um die einzelnen Stühle herum. Alle übrigen Kinder laufen auf der Stelle. Am letzten Stuhl angekommen, läuft das Kind möglichst schnell zur Gruppe zurück, um das Kind, das vor dem ersten Stuhl steht, abzuschlagen. Während nun das betreffende Kind den Slalomlauf fortsetzt, joggen alle übrigen Kinder vom Platz aus einfach weiter.
Auf diese Weise wird der Slalomlauf so lange fortgesetzt, bis alle wieder so wie am Anfang stehen. Stoppen Sie nun die Zeit.
Das Spiel fängt nach einer kurzen Verschnaufpause von vorne an, jedoch mit dem ehrgeizigen Ziel, noch schneller als vorher zu laufen.

WIR BLEIBEN DRAN

KREISSPIEL

Alter ab 4 Jahren
Dazu brauchen Sie eine Stoppuhr oder Uhr mit Sekundenzeiger

Die Kinder stehen mit ein wenig Abstand zueinander im Kreis. Zu Beginn sollten Sie den Kindern bewusst machen, dass Langstreckenläufer*innen nur dann ihr Ziel erreichen, wenn sie von Anfang an nicht zu schnell laufen. Ansonsten geht ihnen rasch die Luft aus, sodass sie auf der Strecke zwischendurch pausieren oder gar ihr Vorhaben ganz aufgeben müssen.
Wissen die Kinder Bescheid, dann dürfen sie auf Ihr Kommando hin als Team auftreten und eine Minute lang auf der Stelle joggen. Werden alle Kinder in Bewegung bleiben, bis die Zeit abgelaufen ist?
Sollte ein Kind stehen bleiben, dann fängt für die Gruppe das Spiel von vorne an. Unabhängig davon ist das Spiel spätestens nach fünf Spielrunden beendet.

VARIANTE

Anstatt auf der Stelle zu joggen, können die Kinder als Team z. B. eine Minute lang auf der Stelle hüpfen, so wie ein Hampelmann springen oder einfach die Beine abwechselnd in Richtung Kreismitte kicken. Ansonsten verläuft alles so, wie im vorherigen Spiel beschrieben.

AUF UND NIEDER

KREISSPIEL

Alter ab 5 Jahren

Alle Kinder stehen Händchen haltend im Kreis.
Während Sie nun den Spruch aufsagen und dabei bei jeder Silbe im Uhrzeigersinn auf die einzelnen Kinder deuten, gehen die Kinder Hand in Hand passend dazu jedes Mal kurz in die Hocke.

„Auf und nieder, auf und nieder
bewegen wir unsere Glieder!“

Danach bleiben alle Kinder stehen. Das Kind, auf das Sie als Letztes gedeutet haben, darf eine Gymnastikübung vormachen, die alle sofort nachahmen.
Kurz darauf sagen Sie wieder den Spruch auf und beginnen ausgehend vom letzten Kind bei jeder Silbe auf die einzelnen Kinder linksherum im Kreis zu deuten. Passend dazu bilden alle wieder einen geschlossenen Kreis und gehen dabei jedes Mal kurz in die Hocke. Danach ist das Kind, auf das Sie als Letztes gedeutet haben, an der Reihe.
Auf diese Weise finden noch ein paar Durchgänge statt, bevor alle am Schluss noch eine Runde hintereinander links im Kreis herumlaufen dürfen.

Beispiele für Gymnastikübungen:
- die Unterarme vor dem Körper kreisen lassen
- eine fiktive Leiter mit den Armen hochklettern
- Schwimmbewegungen machen
- ein Bein heben und den Fuß kreisen lassen
- abwechselnd die Oberschenkel heben und senken

IM SLALOM ZUR STUHLGYMNASTIK

STUHLKREISSPIEL

Alter ab 4 Jahren
Dazu brauchen Sie eine Handtrommel

Alle Kinder bilden einen großzügigen Stuhlkreis und laufen im Takt Ihres Trommelspiels hintereinander im Slalom um die Stühle herum. Allerdings nur so lange, bis das Trommeln stoppt und die Kinder einen freien Stuhl ergattern konnten.
Beginnen Sie nun die Stuhlgymnastik, indem Sie sich z. B. an den Rand des Stuhls setzen, sodass Sie sich mit beiden Füßen auf den Boden stellen. In dieser Position heben Sie langsam die Fersen vom Boden ab und spannen dabei die Wadenmuskeln an. Die Kinder beobachten alles genau und machen sofort mit. Danach stellen alle wieder ihre Fersen auf den Boden. Das wiederholen Sie gemeinsam mit den Kindern noch ein paarmal, bevor Sie erneut das Trommelspiel beginnen, zu dem alle wieder hintereinander im Slalom um die Stühle herumlaufen.
Irgendwann stoppt abermals das Trommelspiel, sodass die Stuhlgymnastik durch eine neue Idee von Ihnen fortgesetzt werden kann.
Nach fünf bis sechs Durchgängen ist das Spiel beendet.

Weitere Beispiele für die Stuhlgymnastik:

- im Sitzen rechtes Bein etwas anheben und Fuß kreisen, nach ein paar Sekunden die Richtung wechseln
- im Sitzen das Knie abwechselnd in Richtung Oberkörper ziehen
- im Sitzen die Arme seitlich ausstrecken und dabei den Oberkörper von links nach rechts neigen
- sich hinter den Stuhl stellen und sich leicht an der Stuhllehne festhalten, dabei mit geradem Rücken in die Kniebeuge gehen
- sich hinter den Stuhl stellen und sich leicht an der Stuhllehne festhalten, dabei die Beine abwechselnd nach hinten strecken

LAUFTREFF

KREISSPIEL

Alter ab 5 Jahren

Dazu brauchen Sie Tanzmusik

Die Kinder bilden einen Innen- und einen Außenkreis, und zwar so, dass sich immer zwei Kinder direkt gegenüberstehen. Zum Rhythmus der Musik joggen die Kinder nun auf der Stelle. Sobald Sie die Musik stoppen, gehen alle Kinder auf der Stelle. Schalten Sie die Musik wieder ein. Jetzt sollen sich die Paare mit beiden Händen abklatschen. Sobald Sie die Musik erneut abschalten, gehen alle Kinder im Innenkreis einen Platz nach links auf der Kreisbahn herum, sodass neue Paare gebildet werden und das Ganze von vorne beginnen kann.
Das Spiel ist aus, sobald alle Kinder im Innenkreis wieder so wie am Anfang stehen.

SCHUBKARRE

BEWEGUNGSSPIEL

Alter ab 5 Jahren

Dazu brauchen Sie eine Handtrommel

Für dieses Spiel benötigt man eine gerade Anzahl an Kindern. Sollte jedoch zurzeit eine ungerade Anzahl an Kindern da sein, darf sich eines der Kinder eine Handtrommel holen und an Ihrer Stelle trommeln.
Die Hälfte der Gruppe kniet sich auf den Boden, alle Übrigen laufen zum Rhythmus des Trommelspiels durch den Raum. Sobald das Trommeln stoppt, sucht sich jedes Kind ein Partnerkind aus, das sich auf den Boden kniet und nun einen Schubkarren darstellt. Dabei stellen die Hände das Rad und die Beine die Griffe der Schubkarre dar. Passend dazu geht das Kind in die Liegestütz-Stellung, sodass das zweite Kind die Füße hochheben und es so wie eine Schubkarre schieben bzw. vor sich herführen kann. Setzt das Trommelspiel wieder ein, darf die eine Hälfte der Gruppe wieder im Takt durch den Raum laufen und die andere Hälfte auf dem Boden sitzen bleiben.
Das geht erneut so lange, bis das Trommeln stoppt und die Kinder wieder Paare bilden, um den Lauf mit der Schubkarre fortzusetzen.
Spätestens nach drei Spielrunden tauschen die Kinder ihre Rollen und wiederholen das Spiel noch zwei- bis dreimal.

HINWEIS Sollte ein Kind trommeln, dann darf es bereits nach einer Spielrunde mit einem Kind aus der Gruppe die Rolle tauschen, sodass es ebenfalls in Bewegung kommt.

MITEINANDER LAUFEN

BEWEGUNGSSPIEL

Alter ab 4 Jahren

Dazu brauchen Sie eine Handtrommel

Die Kinder bilden Paare. Sollte nur eine ungerade Anzahl an Kindern mitmachen, dann dürfen drei Kinder Hand in Hand zusammenstehen.
Zum Rhythmus Ihres Trommelspiels laufen die Kinder paarweise oder zu dritt durch den Raum. Stoppt das Trommelspiel, dürfen die Kinder zu viert oder zu fünft Hand in Hand durch den Raum laufen, sobald Sie wieder beginnen zu trommeln. Alternativ können Sie jedoch auch eine Anweisung geben, wie beispielsweise Hand in Hand hüpfen, stampfen oder Riesenschritte machen. Trommeln Sie entsprechend so, dass die Kinder gut mithalten können.
Auf diese Weise geht es immer weiter, bis irgendwann alle Hand in Hand im Takt durch den Raum laufen und somit eine Menschenkette bilden. Kurz darauf ist dann das Spiel, das die Kinder im wahrsten Sinne des Wortes miteinander verbindet, beendet.

DAS KARUSSELL

STUHLKREISSPIEL

Alter ab 4 Jahren

Dazu brauchen Sie eine Handtrommel

Im Stuhlkreis steht ein Stuhl weniger, als es der Anzahl der Kinder entspricht. Die Stuhllehnen zeigen in Richtung Kreismitte. Bis auf ein Kind stellen sich alle im Außenkreis direkt hintereinander im Uhrzeigersinn auf. Das übrige Kind steht in der Kreismitte.
Während die Kinder nun im Takt Ihres Trommelspiels linksherum im Außenkreis joggen, bleibt das Kind in der Kreismitte stehen. Irgendwann sagt es jedoch laut:

„Auf geht's zum Karussell,
aber schnell!"

Daraufhin verstummt die Trommel. Alle Kinder dürfen sich nun rasch einen freien Stuhl im Kreis suchen. Das Kind, das keinen freien Platz ergattern kann, begibt sich in der nächsten Spielrunde in die Kreismitte.
Es finden noch ein paar Spielrunden statt, bevor das Karussell schließt und das Spiel endet.

DSCHUNGELLAUF

BEWEGUNGSSPIEL

Alter ab 3 Jahren

Dazu brauchen Sie eine Handtrommel

Die Kinder suchen sich einen Platz im Raum aus und dürfen auf Ihre Anweisung hin vergnügt zum Rhythmus Ihres Trommelspiels durch den Raum laufen. Sobald Sie jedoch mit dem Trommeln aufhören, bleiben alle Kinder stehen. Daraufhin sagen Sie z. B. Folgendes:

„Im Dschungel ist sehr viel los!
Was machen die Elefanten bloß?“

Die Kinder spielen nun Elefanten, indem sie sich mit der rechten Hand an ihre Nase fassen und ihren linken Arm durch den entstandenen Ring schieben, sodass ein Elefantenrüssel entsteht. Zum Rhythmus der Trommel stampfen sie dann so lange durch den Raum, bis Sie erneut stoppen und z. B. sagen:

„Im Dschungel ist sehr viel los!
Was machen denn die Affen bloß?“

Sobald das Trommelspiel wieder einsetzt, springen alle im Takt so wie Affen durch den Raum. Auf diese Weise werden der Reihe nach noch weitere diverse Dschungeltiere, wie z. B. Papageien, Giraffen oder Löwen, dargestellt.

GYMNASTIK-FANGEN

BEWEGUNGSSPIEL

Alter **ab 5 Jahren**

Dazu brauchen Sie **eine Trillerpfeife, evtl. vier Markierungskegel**

Zu Beginn können Sie ein Spielfeld kennzeichnen, indem Sie hierfür vier Markierungskegel verwenden.
Ein Kind wird als Fänger*in auserkoren und läuft auf Ihren Startpfiff hin los, um die übrigen Kinder zu fangen. Wurde ein Kind erwischt, bleibt es stehen, um eine Gymnastikübung zu machen. Es kann z. B. die Arme abwechselnd rückwärts kreisen lassen, Kniebeugen oder gar Liegestütze machen. Nach drei Wiederholungen darf das Kind wieder mitmachen und davonlaufen. Nach einer Weile pfeifen Sie das Spiel ab. Alle Kinder bleiben stehen, bilden Fäuste und recken und strecken sich. Anschließend rufen Sie das nächste Kind namentlich auf, das in der nächsten Spielrunde die übrigen Kinder fangen darf. Auf diese Weise werden bis zu drei Spielrunden durchgeführt.

INSTRUMENTENLAUF

BEWEGUNGSSPIEL

Alter **ab 4 Jahren**

Dazu brauchen Sie **eine Handtrommel, ein Paar Klanghölzer, eine Klangschale**

Zu Beginn vereinbaren Sie mit den Kindern, was sie tun sollen, wenn sie ein bestimmtes Instrument hören. Dabei können die folgenden Vereinbarungen getroffen werden:

Trommel: vorwärtslaufen
Klangstäbe: rückwärtslaufen
Klangschale: Hände in die Hüfte stemmen und sich dabei um die eigene Achse drehen

Wissen alle Kinder Bescheid, dürfen sie zunächst im Takt des Trommelspiels vorwärtslaufen. Das geht so lange, bis Sie ein anderes Instrument erklingen lassen und sich die Kinder passend dazu bewegen. Nach einer gewissen Zeit beenden Sie das Spiel.

KAPITEL 3

WIR BLEIBEN AM BALL

Kooperative Gruppenspiele mit Bällen, Reifen, Luftballons & Co.

Zu den klassischen Team- und Mannschaftsspielen gehören selbstverständlich diverse Ballspiele, aber auch Reifen, Luftballons und andere vielseitig einsetzbare Spielobjekte sind dazu geeignet, um bei Kitakindern die Freude an kooperativen Gruppenspielen zu wecken. Der Umgang mit solchen Spielobjekten bereitet zudem Vergnügen und es werden ohne viel Zutun die Fantasie und Kreativität angeregt. Indem die Kinder miteinander und nicht gegeneinander spielen, sammeln sie viele schöne Gruppenerfahrungen. Gemeint sind u. a. der Teamgeist, das Wir-Gefühl und die gemeinsame Bewegungs- und Spielfreude. Darüber hinaus werden auch das Reaktionsvermögen, die Ausdauerbereitschaft und zum größten Teil auch die Visuomotorik gefördert.

WELTREISE

STAFFELSPIEL

Alter ab 4 Jahren

Dazu brauchen Sie einen aufblasbaren Globus-Wasserball (Durchmesser ca. 40 cm), eine Stoppuhr oder Uhr mit Sekundenzeiger

Zu Beginn blasen Sie den Wasserball auf und platzieren ihn auf dem Boden. Die Kinder stellen sich ca. fünf Meter vom Ball entfernt hintereinander auf. Sie wollen heute aus Gründen des Klimaschutzes die Welt zu Fuß umrunden.
Auf Ihr Kommando hin geht das vorderste Kind zügig und unter schwungvollem Einsatz der angewinkelten Arme los, um die Welt bzw. den Wasserball einmal zu Fuß zu umrunden. Danach geht es genauso zügig auf dem gleichen Weg zurück zur Gruppe. Während es sich nun hinten in der Reihe anstellt, geht das vorderste Kind in Richtung Wasserball los und tut es ihm somit gleich. Das Spiel ist beendet, sobald alle Kinder wieder so wie am Anfang in einer Reihe stehen. Stoppen Sie nun die Zeit.
Die Kinder wiederholen das Spiel, dieses Mal versuchen sie jedoch, noch schneller wieder so wie am Anfang hintereinander zu stehen.

WER BRAUCHT EINEN BALL?

BEWEGUNGSSPIEL

Alter ab 5 Jahren

Dazu brauchen Sie je einen Softball für die Hälfte der Kinder, eine Trillerpfeife

Die Hälfte der Kinder holt sich einen Softball und verteilt sich mit allen übrigen Kindern im Raum. Erfolgt der Startpfiff, laufen alle Kinder, die einen Ball in der Hand haben, kreuz und quer durch den Raum. Die übrigen Kinder bleiben stehen und winken den betreffenden Kindern zu, die schließlich in Richtung eines freien Kindes laufen, dem sie entweder den Ball persönlich übergeben oder zuwerfen dürfen. Das Ballspiel wird dann mit getauschten Rollen fortgesetzt. Das Hin und Her geht so lange weiter, bis Sie das Spiel abpfeifen.

BERGE, WIESE ODER SEE?

BEWEGUNGSSPIEL

Alter **ab 3 Jahren**

Dazu brauchen Sie **einen Gymnastikreifen für jedes Kind, eine Handtrommel**

Die Kinder verteilen auf dem Boden die Gymnastikreifen und laufen dann durch den Raum. Danach verläuft das Spiel so ähnlich wie das klassische Kinderspiel „Feuer, Wasser, Sturm!". Sobald Sie mit dem Trommeln aufhören, erfolgt ein Kommando Ihrerseits, bei dem die Kinder Folgendes tun sollen:

Berge: stehen bleiben und mit den Armen ein fiktives Seil hochklettern
Wiese: in der Rückenlage die „Sonne" genießen
See: sich in einen freien Reifen stellen und Schwimmbewegungen machen

Immer wenn alle Kinder als Team Ihre Anweisung richtig befolgen konnten, setzt das Trommelspiel erneut ein, zu dem alle im Takt so lange durch den Raum laufen, bis Sie wieder aufhören und eines der Kommandos erteilen.
Nach ein paar Durchgängen ist das Bewegungsspiel dann beendet.

DER REIFEN DREHT SICH

KREISSPIEL

Alter **ab 5 Jahren**

Dazu brauchen Sie **einen Gymnastikreifen**

Alle Kinder bilden einen geschlossenen Kreis, in dessen Mitte Sie einen Gymnastikreifen platzieren. Stellen Sie den Gymnastikreifen senkrecht auf und versetzen ihn in eine Drehbewegung. Daraufhin laufen alle Kinder Hand in Hand links im Kreis herum. Sobald der Reifen auf dem Boden liegen bleibt, sollen alle Kinder in ihrer momentanen Bewegung verharren. Schafft das die Gruppe als Team?
Unabhängig davon findet auf die gleiche Weise eine neue Spielrunde statt, jedoch laufen dieses Mal alle gegen den Uhrzeigersinn, bis der sich drehende Reifen wieder auf dem Boden liegen bleibt.

DEN BALL ZUSPIELEN

KREISSPIEL

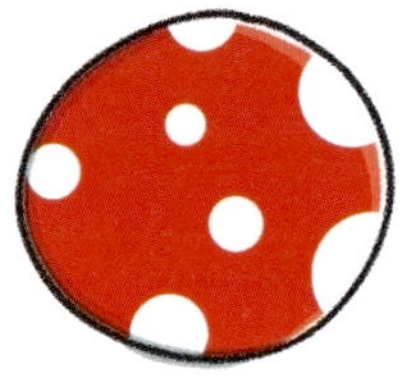

Alter ab 5 Jahren

Dazu brauchen Sie je einen Softball für die Hälfte der Kinder, eine Trillerpfeife

Die Kinder bilden einen Außen- und einen Innenkreis, und zwar so, dass jedes Kind ausreichend Platz hat. Die Kinder im Außenkreis erhalten von Ihnen jeweils einen Softball.
Erfolgt der Startpfiff, werfen die Kinder im Außenkreis den Ball ihren Partnerkindern zu, die den Ball fangen und wieder zurückwerfen. Danach gehen die Kinder im Innenkreis einen Platz nach links im Kreis herum, sodass jedes Kind vor einem neuen Partnerkind steht. Nun wiederholt sich der Vorgang. Erst wenn alle Kinder wieder vor ihrem ursprünglichen Partnerkind stehen, wurde die Aufgabe mit Bravour gemeistert.

VARIANTE

Anstatt den Ball zu werfen, können die Kinder den Ball auch kicken. Ansonsten verläuft alles so, wie im vorherigen Spiel beschrieben.

HINWEIS Sollte eine ungerade Anzahl an Kindern mitspielen wollen, dann machen Sie einfach mit.

AB INS VOGELNEST

BEWEGUNGSSPIEL

Alter ab 4 Jahren

Dazu brauchen Sie eine Klangschale, einen Gymnastikreifen für jeweils drei bis vier Kinder

Jeweils drei bis vier Kinder bilden eine Gruppe und holen sich einen Gymnastikreifen, der ein Vogelnest darstellen soll. Jede „Vogelfamilie" stellt sich in einen Reifen, wobei immer ein Kind aus jedem Team die Vogelmutter oder den Vogelvater darstellt.
Schlagen Sie nun die Klangschale an und erzählen Sie den Kindern, dass draußen die Sonne aufgeht und alle Vogelkinder bereits so groß sind, dass sie das Nest verlassen können. Wäh-

rend nun diejenigen Kinder, die die Vogelkinder spielen, loslaufen und dabei mit ihren Armen Flügelbewegungen machen, winken die übrigen Kinder, die im Reifen stehen, ihren „Vogelkindern" zum Abschied zu.

Das geht jedoch nur so lange, bis Sie abermals die Klangschale anschlagen. Daraufhin sollen alle Kinder wieder so schnell wie möglich zurück ins Nest fliegen. Damit die Kinder wissen, wohin sie laufen sollen, ruft und winkt jedes Kind in seinem Reifen seine Gruppe herbei. Welche „Vogelfamilie" ist am schnellsten zusammen im Nest?

Unabhängig davon darf jedes Kind, das die Vogelmutter oder den Vogelvater gespielt hat, seine Rolle mit einem Kind aus seinem Team tauschen.

Auf diese Weise finden noch ein paar weitere Spielrunden statt, sodass alle Kinder irgendwann einmal in die Rolle eines Vogelkindes und einer Vogelmutter oder eines Vogelvaters schlüpfen konnten.

VIELE KLEINE INSELN

BEWEGUNGSSPIEL

Alter **ab 3 Jahren**

Dazu brauchen Sie **einen Flussstein bzw. Balancierstein aus Kunststoff für jedes Kind, eine Handtrommel**

Zu Beginn verteilen alle Kinder die Steine auf einem überschaubaren Spielfeld. Die Steine stellen hierbei kleine, noch unentdeckte Inseln dar.

Zum Rhythmus des Trommelspiels laufen alle Kinder auf dem Spielfeld herum und machen dabei mit ihren Armen Schwimmbewegungen. Sobald das Trommelspiel stoppt, sucht sich jedes Kind eine unberührte Insel bzw. einen freien Flussstein aus, auf den es sich stellt. Wurde die Aufgabe erfüllt, setzt das Trommelspiel wieder ein.

In der nächsten Spielrunde soll jedoch jedes Kind eine andere Insel erkunden. Erst wenn jedes Kind wieder auf einem Stein steht, hat die Gruppe als Team die Aufgabe gut erfüllt.

Spielen ältere Kinder mit, dann dürfen sie noch weitere Spielrunden durchführen und dabei jedes Mal eine andere Insel bzw. einen anderen Stein aufsuchen. Konnte jedes Kind alle Inseln bzw. Steine irgendwann erkunden, ist das Spiel beendet.

TESTFAHRT

HINDERNISPARCOURS

Alter ab 5 Jahren

Dazu brauchen Sie einen Tennisring o. Ä. für jedes Kind, sechs bis acht Markierungskegel, eine Stoppuhr oder Uhr mit Sekundenzeiger

Während Sie ein paar Markierungskegel im Raum verteilen, holt sich jedes Kind ein Lenkrad bzw. einen Tennisring.
Sobald Sie das Spiel anpfeifen, spielen alle Kinder Testfahrer*innen. Miteinander laufen sie kurz und quer durch den Raum. Pfeifen Sie abermals, sollen die Kinder um die einzelnen Markierungskegel herumlaufen und somit die Kurvenlage ihres imaginären Fahrzeugs testen.
Wenn ein Kind alle Markierungskegel umrundet hat, darf es parken bzw. sich außerhalb des Spielfelds vor einer Wand hinsetzen. Wie lange wird es wohl dauern, bis alle Testfahrer*innen um jeden Markierungskegel herumlaufen konnten? Sie stoppen dann die Zeit.
In der nächsten Spielrunde tauschen die Kinder ihre Fahrzeuge bzw. Tennisringe untereinander aus, um auf die gleiche Weise ein neues „Fahrzeug" zu testen. Mit Blick auf die Uhr sollen dann alle nach Möglichkeit noch schneller als in der vorherigen Spielrunde ihre Aufgabe erledigen.

IN DEN REIFEN, FERTIG, LOS!

STUHLKREISSPIEL

Alter ab 4 Jahren

Dazu brauchen Sie einen Gymnastikreifen, einen Bierdeckel für jedes Kind

Alle Kinder bis auf eines sitzen zusammen im Stuhlkreis. Das übrige Kind geht mit dem Reifen in die Kreismitte. Dort angekommen hält es den Reifen senkrecht, versetzt ihn in eine Kreiselbewegung und lässt ihn los. Nun ruft es ein Kind namentlich auf, das sofort in Richtung Reifen läuft, um in den Reifen zu springen, und zwar bevor der Reifen auf dem Boden liegen bleibt. Sollte dem Kind das Vorhaben gelingen, erhält die Gruppe einen Bierdeckel, den Sie für alle gut sichtbar in den Innenkreis platzieren. Unabhängig davon bekommt das Kind nun den Reifen. Das andere Kind setzt sich unterdessen auf seinen Platz.

Eine neue Spielrunde beginnt, sobald das neue Kind den Reifen senkrecht hält, ihn in eine Kreisbewegung versetzt und schließlich loslässt.
Das Spiel ist aus, sobald jedes Kind einmal an die Reihe gekommen ist und die ergatterten Bierdeckel gezählt wurden. Die Gruppe hat das Spiel gewonnen, wenn mindestens die Hälfte der Gruppe jeweils einen Bierdeckel zum Sieg beitragen konnte.

LUFTBALLON-FEUERWERK

KREISSPIEL

Alter **ab 4 Jahren**
Dazu brauchen Sie **einen Luftballon für jedes Kind, eine Luftballonpumpe**

Blasen Sie für jedes Kind einen Luftballon auf. Währenddessen ziehen die Kinder ihre Schuhe aus und bilden einen Sitzkreis, in dessen Mitte Sie die Luftballons platzieren.
Auf Ihr Kommando hin dürfen die Kinder nun vom Platz aus versuchen, die Luftballons mit den Füßen aus dem Kreis hinauszukicken. Für das Vorhaben bekommen sie drei Minuten Spielzeit. Befinden sich weniger als vier Luftballons im Innenkreis? Ansonsten wiederholen Sie einfach noch einmal das Spiel mit den Kindern.
Unabhängig davon darf jedes Kind am Schluss seinen Luftballon mit nach Hause nehmen.

RAUS AUS DEN FEDERN

BEWEGUNGSSPIEL

Alter ab 3 Jahren

Dazu brauchen Sie ein Chiffontuch für jedes Kind, ein Glöckchen, eine Stoppuhr oder Uhr mit Sekundenzeiger

Die Kinder holen sich jeweils ein Tuch und verteilen sich im Raum. Eines der Kinder bekommt stattdessen ein Glöckchen. Alle setzen sich im Schneidersitz auf den Boden und decken ihren Schoß mithilfe eines Tuchs zu. Nun tun die Kinder so, als ob sie schlafen würden. Das Kind mit dem Glöckchen spielt den Wecker.

Auf Ihre Anweisung hin läuft das Kind schnell zu den „schlafenden" Kindern, um sie mithilfe des Glöckchens zu wecken. Jedes Mal, wenn ein Kind den Glockenklang hört, springt es auf und läuft mit seinem Tuch in der Hand durch den Raum.

Werden alle Kinder innerhalb von drei Minuten miteinander im Raum herumlaufen und dabei mit ihren Tüchern winken? Falls ja, hat die Gruppe die Aufgabe gut gemeistert.

Unabhängig davon darf in der nächsten Spielrunde ein anderes Kind den Wecker spielen, sobald alle wieder einen „Schlafplatz" gefunden haben.

DREI BÄLLE

KREISSPIEL

Alter ab 5 Jahren

Dazu brauchen Sie drei Softbälle, eine Stoppuhr oder Uhr mit Sekundenzeiger

Die Kinder bilden einen großzügigen Kreis. Eines der Kinder erhält von Ihnen einen Softball, der nun im Innenkreis hin und her gekickt wird. Schafft die Gruppe das Zusammenspiel eine Minute lang? Sollte der Ball außerhalb des Kreises gelangen, fängt das Spiel von vorne an.
Erst wenn die Kinder als Team die Aufgabe erfüllen konnten, kommt der zweite Ball zum Einsatz. Auf Ihr Kommando hin dürfen sich die Kinder nun zwei Bälle eine Minute lang im Kreis hin und her spielen. Sollte das nicht klappen, wiederholt die Gruppe die zweite Spielrunde, jedoch mit einer kürzeren Spielzeit, sodass für alle eine realistische Chance besteht, die Aufgabe zu erfüllen. Gelingt das Zusammenspiel, kommt in der nächsten Spielrunde ein dritter Ball hinzu.

VARIANTE

Anstatt die Bälle zu kicken, dürfen sich die Kinder die Bälle gegenseitig zurollen. Dabei knien die Kinder sich auf der Kreisbahn hin. Ansonsten verläuft alles so, wie im vorherigen Spiel beschrieben.

WER WINKT JETZT?

BEWEGUNGSSPIEL

Alter ab 4 Jahren

Dazu brauchen Sie ein Chiffontuch, eine Handtrommel, eine Stoppuhr oder Uhr mit Sekundenzeiger, evtl. vier Markierungskegel

Alle Kinder verteilen sich auf einem überschaubaren Spielfeld, das Sie mithilfe von vier Markierungskegeln kennzeichnen können.
Auf Ihr Kommando hin laufen nun alle Kinder los. Begegnet dem Kind mit dem Tuch zufällig ein anderes Kind, dann übergibt es diesem das Tuch. Das betreffende Kind wiederholt dies, sodass das Tuch immer weitergereicht werden kann. Das geht so lange, bis Sie einmal kräftig

trommeln. Daraufhin bleiben alle Kinder stehen. Das Kind, das das Tuch gerade in den Händen hält, gibt sich zu erkennen, indem es kräftig mit dem Tuch winkt. Alle übrigen Kinder sollen sich dann blitzschnell hinter diesem Kind aufstellen. Dafür haben sie jedoch nur eine Minute Zeit. Gelingt das Vorhaben, hat die Gruppe die Aufgabe mit Bravour gemeistert. Unabhängig davon beginnt nun auf die gleiche Weise eine weitere Spielrunde.
Nach ein paar Spielrunden ist das Bewegungsspiel beendet.

RUCKZUCK ALLES VERTEILT

KREISSPIEL

Alter **ab 3 Jahren**

Dazu brauchen Sie **ein Chiffontuch für jedes Kind, eine Stoppuhr oder Uhr mit Sekundenzeiger**

Alle Kinder bilden einen Kreis, in dessen Mitte Sie für jedes Kind ein Chiffontuch platzieren. Auf los geht's sofort los! Sie laufen nun in Richtung der Tücher, um sich eines zu holen. Danach laufen Sie zu einem Kind, dem Sie das Tuch übergeben. Das betreffende Kind legt das Tuch auf seinen Platz und läuft nun los, um sich auch ein Tuch zu holen, das es einem anderen Kind ohne Tuch übergibt. Während nun das erste Kind auf seinen Platz zurückläuft, legt das zweite Kind sein Tuch auf die Kreisbahn. Danach läuft es zu den Tüchern, um sich so wie die anderen zuvor eins zu holen.
Das Spiel ist aus, sobald alle Kinder auf der Kreisbahn sitzen und sich mit ihren Tüchern gegenseitig zuwinken. In diesem Moment stoppen Sie die Zeit.
Danach wiederholen die Kinder das Spiel und versuchen, das Spiel dieses Mal noch schneller zu beenden.

REIFEN-STOPP

KREISSPIEL

Alter ab 3 Jahren
Dazu brauchen Sie einen Gymnastikreifen

Alle Kinder stehen zusammen im Kreis. Sie holen sich einen Gymnastikreifen und begeben sich in die Kreismitte. Dort angekommen halten Sie den Reifen senkrecht, um ihn dann in eine Drehbewegung zu versetzen. Die Kinder stemmen ihre Hände in die Hüfte und drehen sich um die eigene Achse. Sobald der Reifen jedoch auf dem Boden liegen bleibt, sollen die Kinder sofort stehen bleiben. Wird die Aufgabe der Gruppe gelingen?
Unabhängig davon dürfen die Kinder noch ein paarmal das Spiel wiederholen und dabei jedes Mal gespannt sein, ob alle die Aufgabe erfüllen können oder nicht.

VARIANTE

Im Gegensatz zu dem vorherigen Spiel drehen die Kinder sich nicht nur um die eigene Achse, sondern gehen dabei auch nacheinander im Uhrzeigersinn herum.

STOPP! SCHNELL ZUM REIFEN

BEWEGUNGSSPIEL

Alter ab 4 Jahren
Dazu brauchen Sie eine Handtrommel, ein Gymnastikreifen für jedes Kind, eine Stoppuhr oder Uhr mit Sekundenzeiger

Die Kinder verteilen die Gymnastikreifen im Raum. Zum Rhythmus Ihres Trommelspiels laufen nun alle durch den Raum. Sobald das Trommeln jedoch stoppt, haben die Kinder eine Minute Zeit, um sich so schnell wie möglich einen freien Reifen zu suchen. Dort angekommen balancieren sie einmal links um ihren Reifen herum. Danach springt jedes Kind in den Reifen hinein und setzt sich hin. Schafft das die Gruppe innerhalb der vorgegebenen Zeit?
Unabhängig davon dürfen die Kinder noch weitere Spielrunden durchführen, bei denen sie auf Ihre Anweisung hin anstatt auf den Reifen zu balancieren einmal auf allen vieren um den Reifen krabbeln, auf einem Bein um den Reifen hüpfen oder gar rückwärtsgehen dürfen.

EIN SCHLITTEN FÜR ALLE

BEWEGUNGSSPIEL

Alter ab 3 Jahren

Dazu brauchen Sie eine Teppichfliese, ein Springseil

Alle Kinder verteilen sich im Raum und knien sich auf den Boden. Währenddessen holen Sie eine Teppichfliese und ein Seil. Mit den Sachen in der Hand gehen Sie direkt auf ein Kind zu, das die Teppichfliese erhält. Es legt die Teppichfliese mit der rutschigen Seite auf den Boden und kniet sich auf die Fliese. Danach erhält es das Seil, dessen beide Enden es gut festhält. Mit dem Kind im Schlepptau gehen Sie in Richtung eines anderen Kindes. Dabei soll das Kind nicht von der Fliese auf den Boden gelangen.

Bei dem anderen Kind angekommen, steht es auf, um dem Kind Platz auf dem Schlitten bzw. der Fliese zu machen. Es darf dann an Ihrer Stelle das Kind auf der Fliese mithilfe des Seiles zu einem anderen Kind ziehen.

Erst wenn alle Kinder einmal „Schlitten fahren“ konnten, ist das Spiel beendet.

KAPITEL 4

LASST UNS DEN KNOTEN LÖSEN

Pfiffige Geschicklichkeitsspiele

Eines dürfte allen klar sein: Im Leben kann nicht alles auf Anhieb funktionieren. Genauso kann es natürlich auch bei solchen Spielen sein, bei denen das Durchhalten im Vordergrund steht. Aber wenn dann alle so richtig dranbleiben und das erste Etappenziel erreichen, fühlt sich das besonders gut an.
Im Folgenden erhalten Sie nun zahlreiche Ideen für Geschicklichkeitsspiele für die Gruppe, bei denen die Geduld und Konzentration sowie das Reaktionsvermögen, die Koordinationsfähigkeiten und Motorik gefragt und nicht zuletzt der Teamgedanke und das Wir-Gefühl maßgebend sind. Besonders groß ist die Freude, wenn die Kinder erleben, wie sie als Gruppe trotz Schwierigkeiten und Hindernissen die eine oder andere Aufgabe erfolgreich meistern können.

SCHLAG AUF DEN TOPF

STAFFELSPIEL

Alter ab 4 Jahren

Dazu brauchen Sie ein Paar Topfstelzen/Laufstelzen, einen Topf, einen Kochlöffel, eine Stoppuhr oder Uhr mit Sekundenzeiger

Zu Beginn stellen Sie sechs bis acht Stühle mit genügend Abstand zueinander in einer Reihe auf. Danach legen Sie einen Topf umgedreht auf den letzten Stuhl. Die Kinder stellen sich nacheinander vor dem ersten Stuhl auf. Das vorderste Kind erhält von Ihnen ein paar Topfstelzen und einen Kochlöffel.

Auf Ihr Kommando geht das Kind auf Stelzen im Slalom um die einzelnen Stühle herum. Am letzten Stuhl angekommen schlägt das Kind mit dem Kochlöffel auf den Topf und geht auf dem gleichen Weg zurück. Es übergibt dann dem vordersten Kind in der Reihe die Stelzen und den Kochlöffel und stellt sich wieder hinten an. Danach setzt das vorderste Kind in der Reihe das Spiel auf die gleiche Weise fort, bis alle an der Reihe waren. In diesem Moment stoppen Sie die Spielzeit. Können die Kinder die Zeit in der zweiten Spielrunde mit vereinten Kräften verkürzen?

IM SCHNECKENTEMPO GEHT'S VORAN

GESCHICKLICHKEITSSPIEL

Alter ab 4 Jahren

Dazu brauchen Sie einen Bierdeckel für jedes Kind, ruhige Instrumentalmusik

Alle Kinder knien sich auf Händen und Füßen auf den Boden und spielen Schnecken. Jedes Kind bekommt von Ihnen nun einen Bierdeckel auf den Rücken gelegt, der das Schneckenhaus darstellt. Schalten Sie nun ein ruhiges kurzes Instrumentalstück ein, das die Kinder zum langsamen Fortbewegen inspirieren soll.

Ziel ist es, dass möglichst alle Kinder ihr Schneckenhaus bzw. ihren Bierdeckel so lange auf dem Rücken behalten, bis das Musikstück beendet ist.

Wird die Gruppe die Aufgabe erfüllen können? Falls das weniger als die Hälfte der Kinder schaffen sollte, probieren Sie das Geschicklichkeitsspiel einfach noch einmal aus.

RENNMÄUSE

HINDERNISPARCOURS

Alter ab 4 Jahren
Dazu brauchen Sie ein Kissen für jedes Kind, eine Stoppuhr oder Uhr mit Sekundenzeiger

Zu Beginn bilden alle einen großen Kreis aus Kissen, auf denen die Kinder dann Platz nehmen. Alle Kinder spielen nun Rennmäuse und krabbeln auf allen vieren auf Ihr Kommando hin im Uhrzeigersinn einmal im Slalom um die einzelnen Kissen herum. Sobald sie wieder auf ihrem Platz angekommen sind, setzen sie sich rasch auf ihre Kissen hin. In diesem Augenblick stoppen Sie die Zeit.
In der zweiten Spielrunde dürfen die Kinder das Gleiche noch einmal machen, jedoch gegen den Uhrzeigersinn. Wie schnell werden wohl wieder alle auf ihren Kissen sitzen?

STOPPBALL

STUHLKREISSPIEL

Alter ab 5 Jahren
Dazu brauchen Sie drei bis fünf Softbälle, eine Stoppuhr oder Uhr mit Sekundenzeiger

Die Kinder finden sich in drei bis vier gleich großen Gruppen zusammen. Alle Gruppen bis auf eine bilden einen großen Stuhlkreis. Die übrige Gruppe ohne Stühle verteilt sich im Innenkreis. Drei bis fünf Kinder, die nicht zu nah zusammen im Stuhlkreis sitzen, holen sich jeweils einen Softball.
Auf Ihr Kommando hin kicken die Kinder vom Sitzplatz aus die Bälle hin und her. Dabei soll die Gruppe im Innenkreis versuchen, die Bälle mit den Füßen zu stoppen. Sollte ein Ball trotzdem von einem anderen Kind vom Sitzplatz aus mit den Füßen erreicht werden, darf der Ball wieder zu einem anderen Kind gekickt werden.
Das Spiel ist aus, sobald alle Bälle im Innenkreis liegen bleiben oder die Spielzeit nach einer Minute abgelaufen ist. Im letzten Fall dürfen alle Kinder die liegen gebliebenen Bälle im Innenkreis zählen. Unabhängig davon tauscht die Gruppe im Innenkreis ihren Platz mit einer anderen im Stuhlkreis, bis alle Gruppen an die Reihe gekommen sind. Wie viele Gruppen haben nun die Nase vorne und somit besonders gut die Aufgabe gemeistert?

VARIANTE

Im Gegensatz zum vorherigen Spiel sitzen die Kinder zusammen im Kreis und rollen sich die Bälle gegenseitig zu. Die Aufgabe der Kinder im Innenkreis besteht darin, die Bälle zu stoppen. Dabei dürfen sie jedoch lediglich auf allen vieren krabbeln.

MAULWURFSHÜGEL

GESCHICKLICHKEITSSPIEL

Alter ab 3 Jahren

Dazu brauchen Sie ein rundes Schwungtuch

Die Kinder sitzen um ein ausgebreitetes rundes Schwungtuch herum, das sie locker gespannt mit beiden Händen festhalten. Erzählen Sie den Kindern, dass sie nun Maulwürfe spielen dürfen, die unter der Erde ihre Gänge graben, sodass Maulwurfshügel entstehen.
Auf Ihr Kommando hin kriecht ein Kind unter die Erde bzw. das Tuch und krabbelt auf alle vieren so schnell wie möglich wieder heraus. Es setzt sich zu den anderen in den Kreis und hält das Schwungtuch wieder mit beiden Händen fest. Danach ruft es ein anderes Kind namentlich auf, das es ihm gleichtut.
Erst wenn alle Kinder an die Reihe gekommen sind und somit niemand vergessen wurde, hat die Gruppe die Aufgabe gut gemeistert.

PEDALO WECHSELN

STUHLKREISSPIEL

Alter ab 5 Jahren

Dazu brauchen Sie ein Pedalo

Alle Kinder bilden einen großen Stuhlkreis, in dessen Mitte Sie ein Pedalo platzieren. Zwischen zwei Kinder stellen Sie einen weiteren Stuhl, der zunächst frei bleibt. Danach verläuft das Spiel so ähnlich wie das altbekannte Spiel „Mein rechter, rechter Platz ist leer", bei dem dasjenige Kind, dessen rechter Platz frei ist, sich ein anderes Kind aus der Runde herbeiwünschen darf. Dabei sagt es nun Folgendes:

„Mein rechter, rechter Platz ist leer,
da wünsche ich mir auf dem Pedalo den/die … (Vornamen des Kindes einsetzen) her!"

Das Kind, das jetzt namentlich benannt wurde, geht in die Kreismitte, um mithilfe des Pedalos in Richtung des freien Platzes zu fahren. Dort angekommen setzt es sich auf den Stuhl und stellt das Pedalo direkt vor sich hin.
Im Anschluss daran darf dasjenige Kind, dessen rechter Platz nun frei geworden ist, ebenso ein weiteres Kind benennen, das dann ausgehend vom Standort des Pedalos damit zu dem freien Platz fahren darf. Auf diese Weise finden noch ein paar Spielrunden statt.

WENN DER BALL ROLLT

STUHLKREISSPIEL

Alter ab 4 Jahren

Dazu brauchen Sie einen kleinen Softball

Die Kinder bilden einen Stuhlkreis. Einem von ihnen legen Sie einen kleinen Ball direkt vor die Füße. Auf Ihr Kommando rollt nun das Kind den Ball mithilfe seiner Füße direkt zu seinem linken Nachbarskind. Das betreffende Kind wiederum rollt den Ball dem nächsten Kind zu.
Auf diese Weise geht es immer weiter, bis der Ball wieder beim ersten Kind angekommen ist oder unterwegs einem Kind abhandenkommt. Im letzten Fall probieren die Kinder das Spiel ausgehend von einem anderen Kind von vorne aus.

VARIANTE

Geübtere Kinder verwenden sogar zwei bis drei Bälle, die jeweils ein Kind in der Runde bekommt. Die Kinder mit den Bällen sitzen dabei nicht zu nah zusammen auf der Kreisbahn. Ansonsten verläuft alles so, wie im vorherigen Spiel beschrieben.

STOPP! EINE MAUER

GESCHICKLICHKEITSSPIEL

Alter **ab 5 Jahren**

Dazu brauchen Sie **jeweils einen Tennisring für ein Drittel der Kinder, evtl. vier Markierungskegel**

Zwei Drittel der Kinder verteilen sich auf einem übersichtlichen Spielfeld, das Sie durch vier Markierungskegel kennzeichnen können. Die übrigen Kinder holen sich jeweils einen Tennisring, der ein Lenkrad darstellen soll.

Auf Ihr Kommando fahren bzw. laufen die Kinder mit ihren Tennisringen los und spielen Autos. Dabei sollen sie in Richtung derjenigen Kinder laufen, die wie ein Fels in der Brandung im Spielfeld stehen. Sobald ihnen jedoch ein Auto bzw. Kind zu nahe kommt, strecken sie dem betreffenden Kind ihre Arme entgegen und zeigen dabei ihre Handflächen. Sie rufen laut „Stopp! Eine Mauer!" Daraufhin muss das Kind rasch abbiegen und einen anderen Weg einschlagen. Sollte dabei ein Kind gegen ein anderes fahren, gibt es sein Lenkrad ab und wird ebenfalls eine Mauer.

Nach ca. drei Minuten dürfen die Kinder, die einen Tennisring haben, ihren Platz mit einer „Mauer“ bzw. einem stehenden Kind tauschen. Danach findet eine neue Spielrunde statt. Erst wenn alle Kinder einmal an die Reihe gekommen sind, ist das Autospiel beendet.

HOCHSEILARTISTEN

KREISSPIEL

Alter ab 3 Jahren

Dazu brauchen Sie einen Turnstab

Alle Kinder stehen zusammen im Kreis. Eines von ihnen erhält einen Turnstab, mit dem es über das imaginäre Hochseil balancieren darf. Das Kind schaut sich in der Runde um und wählt eines der Kinder aus, das es namentlich benennt. Danach nimmt es so wie ein Hochseilartist den Stab waagrecht vor seinem Oberkörper in beide Hände und geht dabei auf Zehenspitzen in Richtung des ausgewählten Kindes. Dort angekommen applaudiert die Gruppe laut. Die beiden Kinder tauschen ihre Plätze und das neue Kind erhält den Turnstab, mit dem es dann auf Zehenspitzen zu einem anderen Kind, das es zuvor benennt, gehen darf.
Das Spiel ist aus, sobald alle Kinder ihre Plätze wechseln konnten.

VARIANTE

Geübtere Kinder dürfen rückwärts auf Zehenspitzen in Richtung eines Kindes im Stuhlkreis gehen. Ansonsten verläuft alles so, wie bereits im Spiel zuvor beschrieben.

HURRA! EIN TOR!

KREISSPIEL

Alter ab 4 Jahren

Dazu brauchen Sie einen Tennisball

Alle Kinder mit Ausnahme von einem stellen sich mit gegrätschten Beinen auf die Kreisbahn. Das übrige Kind holt sich einen Tennisball und stellt sich in die Kreismitte. Von dort aus rollt es den Ball in Richtung eines Kindes. Rollt der Ball zwischen dessen Beine, darf die Gruppe jubeln,

denn das Kind hat nun ein Tor geschossen. Unabhängig davon wechselt es den Platz mit einem anderen Kind, das sich nun den Tennisball holen und ausgehend von der Kreismitte ebenfalls den Ball in ein Tor bzw. zwischen die Beine eines Kindes rollen darf.
So geht es immer weiter, bis jedes Kind die Chance hatte, ein Tor für die Gruppe zu machen. Sollte das mehr als der Hälfte der Kinder gelingen, hat die Gruppe die Aufgabe gut gemeistert. Ansonsten wiederholen Sie einfach noch einmal das Ballspiel.

DEN KNOTEN LÖSEN

GESCHICKLICHKEITSSPIEL

Alter **ab 5 Jahren**
Dazu brauchen Sie **jede Menge Chiffontücher o. Ä.**

Sechs Kinder bilden Paare und stellen sich zur Seite. Alle anderen Kinder bilden Zweierpaare und holen sich jeweils zwei bis drei Chiffontücher. Sie suchen sich einen Platz im Raum und binden sich gegenseitig z. B. an den Händen, Füßen und Oberschenkeln fest. Die drei Paare warten ab, bis alle Kinder auf dem Spielfeld sich auf irgendeine Weise miteinander verbunden haben.
Erfolgt der Startpfiff, laufen die drei Paare los, um bei irgendeinem anderen Paar im Raum Halt zu machen. Sie binden die Kinder los und behalten das Tuch. Danach suchen sie sich weitere Paare aus, die sie ebenfalls zu befreien versuchen.
Erst wenn alle Tücher eingesammelt wurden, zählen die drei Paare ihre Tücher und sind gespannt, wer von ihnen die meisten hat.

PUNKTEN DURCH HÜPFEN

HÜPFSPIEL

Alter **ab 4 Jahren**

Dazu brauchen Sie **drei Gymnastikreifen, eine Stoppuhr oder Uhr mit Sekundenzeiger**

Zu Beginn legen Sie drei Gymnastikreifen direkt hintereinander auf den Boden. Die Kinder bilden eine Reihe vor dem ersten Reifen.
Auf los geht's los! Das vorderste Kind springt mit beiden Beinen von einem Reifen in den anderen. Hinter dem letzten Reifen bleibt es stehen und dreht sich zu der gegenüber stehenden Gruppe. Danach ist das nächste Kind dran, das auf die gleiche Weise von einem Reifen in den anderen springt. Es stellt sich dann hinter dem vorherigen Kind auf. Das geht so lange weiter, bis alle Kinder wieder hintereinander stehen. Stoppen Sie sofort die Zeit.
Danach geht es auf die gleiche Weise zurück, jedoch haben die Kinder nun das ehrgeizige Ziel vor Augen, noch schneller als in der vorherigen Spielrunde die Aufgabe zu erfüllen. Am Ende stoppen Sie die Zeit erneut und vergleichen die beiden Ergebnisse.

WERDEN WIR DAS SCHAFFEN?

GESCHICKLICHKEITSSPIEL

Alter **ab 3 Jahren**

Dazu brauchen Sie **einen Gymnastikreifen und einen Bierdeckel für jedes Kind, evtl. vier Markierungskegel**

Jedes Kind holt sich einen Gymnastikreifen und sucht sich einen Platz auf einem übersichtlichen Spielfeld aus, das Sie mithilfe von vier Markierungskegeln kennzeichnen können.
Eines der Kinder beginnt und zeigt, wie es z. B. auf seinem Reifen balancieren kann. Schaffen das alle übrigen Kinder auch? Falls ja, erhält die Gruppe einen Punkt in Form eines Bierdeckels. Danach kommt ein anderes Kind an die Reihe, das z. B. in seinen Reifen hinein- und wieder heraushüpft. Sollten das alle übrigen Kinder auch können, gibt es wieder einen Punkt bzw. einen Bierdeckel für die Gruppe.
Auf diese Weise geht es immer weiter, bis alle Kinder an der Reihe gewesen sind. Sollte die Gruppe mehr als die Hälfte der zu erreichenden Punktzahl erhalten haben, hat die Gruppe das Spiel mit Bravour gemeistert.

AUF DIE SEILE, LOS!

GESCHICKLICHKEITSSPIEL

Alter ab 4 Jahren

Dazu brauchen Sie eine Handtrommel, ein Springseil für jeweils drei bis vier Kinder, eine Stoppuhr oder Uhr mit Sekundenzeiger

Legen Sie der Länge nach für drei bis vier Kinder jeweils ein Seil auf den Boden. Dabei achten Sie darauf, dass die einzelnen Seile nicht zu nah beieinander liegen.
Zum Rhythmus des Trommelspiels laufen nun alle Kinder um die einzelnen Seile herum. Stoppt das Trommelspiel, startet die Spielzeit. Denn jetzt sollen die Kinder sich möglichst schnell auf jeweils ein Seil stellen. Dabei spielt es keine Rolle, wie viele Kinder sich letztendlich auf einem Seil befinden. Wichtig ist jedoch, dass alle einen Platz auf irgendeinem Seil finden und dabei ruhig stehen bleiben. Stoppen Sie die Zeit, sobald die Kinder gemeinsam die Aufgabe meistern konnten.
Danach fängt eine neue Spielrunde an, bei der die Kinder erst einmal wieder im Takt des Trommelspiels einzeln herumlaufen. Stoppt das Trommelspiel, sollen die Kinder noch schneller als in der vorherigen Spielrunde auf den Seilen stehen. Wird die Gruppe das schaffen oder braucht sie vielleicht noch eine weitere Spielrunde, um die Aufgabe gut erfüllen zu können?

DIE RIESEN SIND LOS!

STAFFELSPIEL

Alter ab 5 Jahren

Dazu brauchen Sie zwei Paar große Gummistiefel

Für jede Gruppe stellen Sie fünf bis sechs Stühle so in einer Reihe auf, dass man zwischen den Stühlen gut durchgehen kann. Zudem sollen die beiden Stuhlreihen mit genügend Abstand parallel zueinanderstehen.
Die Kinder ziehen nun ihre Schuhe aus und bilden zwei gleich große Gruppen, die sich jeweils hinter einer Stuhlreihe aufstellen. Die vordersten Kinder in jeder Reihe bekommen von Ihnen ein Paar Gummistiefel, die viel zu groß sind. Sie sind jetzt die „Riesen" unter den „Zwergen".
Auf Ihr Kommando hin ziehen beide Kinder die Gummistiefel an und laufen im Slalom um die einzelnen Stühle herum und auf dem gleichen Weg wieder zurück. Danach ziehen sie die Gummistiefel aus, damit das nächste Kind in der Reihe diese anziehen und loslaufen kann. Anschließend stellen sie sich wieder hinter ihrer Gruppe an.
Welche Gruppe wird wohl am schnellsten wieder so wie am Anfang in einer Reihe stehen? Unabhängig davon gibt es dann eine Revanche.

STÜHLE UMKREISEN

STUHLKREISSPIEL

Alter ab 5 Jahren

Alle Kinder sitzen in einem großzügigen Stuhlkreis. Auf Ihr Kommando darf jedes Kind z. B. auf einem Bein links um seinen Stuhl herumhüpfen und sich dann blitzschnell hinsetzen. Schafft das die Gruppe als Team? Falls ja, gibt es einen Punkt. Danach darf eines der Kinder, dem das besonders schnell gelungen ist, etwas Neues genauso vorstellen. Dabei kann die Gruppe auf sein Kommando hin z. B. rückwärts um den Stuhl herumgehen.
Das Spiel ist aus, sobald die Gruppe zehn Punkte erreicht hat.

Raupenlauf

HINDERNISPARCOURS

Alter ab 4 Jahren

Dazu brauchen Sie eine Stoppuhr oder Uhr mit Sekundenzeiger

Die Kinder bilden einen Stuhlkreis und stellen sich im Innenkreis hintereinander auf. Dabei fassen sie demjenigen Kind, das vor ihnen steht, an die Schultern.
Auf Ihr Kommando hin läuft das vorderste Kind mit den übrigen Kindern im Schlepptau möglichst schnell um die einzelnen Stühle im Slalom herum. Sollte ein Kind ein anderes jedoch unterwegs loslassen, fängt das Spiel von vorne an. Sobald die Raupe bzw. die Gruppe wieder am Ausgangsplatz steht, stoppen Sie die Zeit.
Danach wiederholt die Gruppe das Spiel in der Hoffnung, nun als Raupen-Team noch schneller zu sein.

Korbbälle

KREISSPIEL

Alter ab 5 Jahren

Dazu brauchen Sie einen Papierkorb, einen kleinen Softball für jedes Kind

Die Kinder holen sich jeweils einen kleinen Softball und bilden einen großen Kreis, in dessen Mitte Sie einen Papierkorb stellen. Auf Ihr Kommando hin laufen alle Kinder im Uhrzeigersinn herum. Sobald Sie jedoch „Stopp!" rufen, bleiben alle Kinder stehen und drehen sich in Richtung Kreismitte. Rufen Sie nun eines der Kinder namentlich auf. Das betreffende Kind darf nun ausgehend von seinem Platz seinen Ball in Richtung Papierkorb werfen. Danach ist das Kind an der Reihe, das links neben ihm auf der Kreisbahn steht.
Auf diese Weise geht es immer weiter, bis alle Bälle entweder im Korb oder im Innenkreis liegen. Miteinander zählen die Kinder die Bälle, die im Korb liegen.
Im Anschluss daran können die Kinder das Spiel, falls sie möchten, noch ein paarmal wiederholen. Dabei haben sie stets das ehrgeizige Ziel im Blick, möglichst alle Bälle in den Korb zu werfen.

AB ZUM EIERSTAND

GESCHICKLICHKEITSSPIEL

Alter ab 5 Jahren

Dazu brauchen Sie einen Esslöffel und einen Tennisball für jedes Kind

Die Kinder holen sich jeweils einen Esslöffel und einen Tennisball. Danach bilden sie zwei gleich große Gruppen, die sich mit einem Abstand von ca. fünf Metern gegenüber aufreihen. Zu jeder Gruppe stellen Sie dann noch einen Tisch, der den Eierstand darstellt.
Auf Ihr Kommando hin laufen die beiden ersten Kinder mit ihrem Esslöffel in der Hand los, auf dem der Tennisball liegt. Beide Kinder wollen so schnell wie möglich ihr „Ei“ auf dem gegenüberstehenden Tisch ablegen. Sollte einem Kind der Tennisball vom Löffel fallen, hebt es ihn auf und läuft wieder zu seiner Gruppe zurück, um sich hinten anzustellen. Wer es jedoch bis zum gegenüberliegenden Tisch schafft und sein „Ei“ auf der Tischplatte ablegen kann, setzt sich rasch unter den Tisch. Danach darf sich das nächste Kind aus seiner Gruppe mit dem „Ei“ auf den Weg machen.
Die Gruppe, die am schnellsten alle „Eier“ auf dem gegenüberliegenden Tisch abgelegt hat und letztendlich auch unter dem Tisch sitzt, hat den Eierlauf am schnellsten gemeistert.

WÜRFELGRUPPE

KREISSPIEL

Alter ab 5 Jahren

Dazu brauchen Sie einen großen Würfel aus Schaumstoff o. Ä., eine Handtrommel

Die Kinder bilden einen großzügigen Kreis. Einem beliebigen Kind legen Sie einen großen Würfel direkt vor die Füße. Danach geben sich alle Kinder die Hände und laufen im Takt Ihres Trommelspiels links im Kreis herum. Das geht so lange, bis Sie mit dem Trommeln aufhören. Daraufhin bleibt die Gruppe stehen und lässt sich los.
Dasjenige Kind, das nun vor dem Würfel steht, darf jetzt in Richtung Kreismitte würfeln und sagen, wie sich die Kinder hinstellen sollen. Das kann z. B. auf einem Bein, auf Zehenspitzen oder gar in der Hocke sein. Je nachdem, wie hoch die Augenzahl ist, sollen die Kinder genau so viele Sekunden in dieser Position verharren.
Im Anschluss daran setzt das Trommelspiel wieder ein, zu dem die Kinder wieder so lange Hand in Hand linksherum im geschlossenen Kreis laufen, bis das Trommeln stoppt und das Kind, das vor dem Würfel steht, an der Reihe ist.
Nach ein paar Würfelrunden ist das Spiel beendet.

KAPITEL 5

MUSIK VERBINDET UNS

Schwungvolle Sing- und Tanzspiele

Musik, Spiel und Tanz haben für die kindliche Entwicklung viele Vorteile: Die Kinder können ihren Körper erleben, mit dem eigenen Körper Musik machen, ein Lied gemeinsam singen und sich dabei auch im Takt laut oder leise, schnell oder langsam bewegen. Spielerisch werden so nicht nur musikalische Grundkenntnisse, sondern auch die sozial-emotionale Intelligenz, die Wahrnehmung, die Sprachentwicklung, das Rhythmusgefühl, die Konzentration und Ausdauer sowie Bewegungs- und Experimentierfreude und Improvisation geschult.
In diesem Kapitel finden Sie nun zahlreichen Praxisideen zum Musikmachen, Singen und Tanzen, bei denen das Wir-Gefühl und die Bewegungsfreude stets im Vordergrund stehen.

AUFWACHEN UND HÜPFEN

SINGSPIEL

Alter **ab 3 Jahren**

Die Kinder stehen in einem großen Kreis beisammen und singen das altbekannte Lied „Bruder Jakob". Ausgehend von einem Kind, auf das Sie deuten, dürfen die Kinder im Uhrzeigersinn bei jedem „Ding, dang, dong" einmal in die Luft springen.
Sollten mehr als sechs Kinder anwesend sein, wird der Glockenklang so lange wiederholt, bis alle an der Reihe gewesen sind.

WOCHENTAGE-SPRÜNGE

SINGSPIEL

Alter **ab 5 Jahren**

Dazu brauchen Sie **einen Gymnastikreifen für jedes Kind**

Die Kinder holen sich jeweils einen Reifen und bilden einen großzügigen Kreis. Jedes Kind legt seinen Reifen direkt vor seine Füße.
Miteinander singen nun alle das volkstümliche Lied „Laurentia" im traditionellen Walzer-Takt. Kennen die Kinder das Lied noch nicht, dann hören Sie es gemeinsam einige Male an.

Laurentia, liebe Laurentia mein!
Wann wollen wir wieder beisammen sein?
„Am Montag."
Ach, wenn es doch schon wieder Montag wär
und ich bei meiner Laurentia wär, Laurentia wär.

Laurentia, liebe Laurentia mein!
Wann wollen wir wieder beisammen sein?
„Am Dienstag."
Ach, wenn es doch schon wieder Montag, Dienstag wär
und ich bei meiner Laurentia wär, Laurentia wär.

Laurentia, liebe Laurentia mein"
Wann wollen wir wieder beisammen sein?
„Am Mittwoch."
Ach, wenn es doch schon wieder Montag, Dienstag, Mittwoch wär
und ich bei meiner Laurentia wär, Laurentia wär.

… bis Sonntag

Anstelle der Kniebeugen, die üblicherweise nach jedem Wochentag gemacht werden, dürfen die Kinder nun nach jedem Wochentag abwechselnd mit geschlossenen Beinen in ihren Reifen hinein oder rückwärts wieder zurück auf ihren ursprünglichen Platz springen. Das Hin und Her geht so lange, bis das Lied beendet ist.

TÜCHERTANZ

TANZSPIEL

Alter ab 3 Jahren

Dazu brauchen Sie ein Chiffontuch für jedes Kind, ein kleines Sandsäckchen, Tanzmusik

Alle Kinder holen sich jeweils ein Chiffontuch und bilden einen Kreis. Die Tücher legen sie direkt vor ihre Füße. Ein Kind erhält von Ihnen zusätzlich ein kleines Sandsäckchen.
Zum Rhythmus der Musik reichen die Kinder das Säckchen von Hand zu Hand so lange links im Kreis herum, bis die Musik stoppt. Dasjenige Kind, das nun das Säckchen hat, ist an der Reihe. Es darf nun sein Tuch gegen das Säckchen tauschen und im Takt der Musik eine Bewegungsart vormachen. Dabei kann es z. B. das Tuch im Takt vor seinem Oberkörper hin und her schwingen, sich mit dem Tuch in der Hand um die eigene Achse drehen oder einfach das Tuch kreisförmig vor sich her bewegen. Die übrigen Kinder schnappen sich ebenfalls ihr Tuch und ahmen alles nach. Das geht jedoch nur so lange, bis die Musik erneut stoppt. Die Kinder legen ihre Tücher wieder zurück auf ihren Platz und sind jetzt schon gespannt, wer in der nächsten Spielrunde das Säckchen erhält.
Auf diese Weise folgen noch ein paar weitere Spielrunden.

MUSIK FÜR ALLE

SINGSPIEL

Alter **ab 3 Jahren**

Dazu brauchen Sie **für ein Drittel der Kinder jeweils ein Rhythmusinstrument (z. B. Rasseln und Klangstäbe)**

Die Kinder teilen sich in drei gleich große Gruppen auf und überlegen sich jeweils ein Kinderlied, das alle gut kennen, wie z. B. „Alle meine Entchen" oder „Im Märzen der Bauer". Während nun zwei Gruppen einen großen Kreis bilden, holt sich die dritte Gruppe die Rhythmusinstrumente und begibt sich in den Innenkreis. Dort angekommen kniet sich die Gruppe auf den Boden, um ein Kinderlied zu singen, das sie mithilfe ihrer Instrumente rhythmisch begleiten darf. Die übrigen beiden Gruppen tanzen gemeinsam Hand in Hand links im Kreis herum.
Sobald das Lied jedoch beendet ist, tauscht eine Gruppe im Außenkreis den Platz mit der Gruppe im Innenkreis. Danach folgt auf die gleiche Weise ein neues Sing- und Tanzspiel.
Das Ganze ist beendet, sobald alle Gruppen einmal im Innenkreis ein Kinderlied vorsingen und dabei ihre Rhythmusinstrumente zum Einsatz bringen konnten.

TANZPARTNER*IN WECHSELN

TANZSPIEL

Alter **ab 4 Jahren**

Dazu brauchen Sie **Tanzmusik, evtl. vier Markierungskegel**

Die Kinder bilden Paare und verteilen sich auf einem überschaubaren Spielfeld, das Sie mithilfe von vier Markierungskegeln kennzeichnen können.
Zum Rhythmus der Musik tanzen immer zwei Kinder Hand in Hand links im Kreis herum.
Sobald die Musik stoppt, verabschieden die Kinder sich voneinander, um sich eine*n neue*n Tanzpartner*in zu suchen. Auf Ihre Anweisung hin dürfen die Paare nun Hand in Hand z. B. im Kreis herum hüpfen, sobald die Musik erneut erklingt. Das geht wieder so lange, bis die Musik stoppt. Daraufhin sucht sich jedes Kind erneut jemand anderen aus, um ein Tanzpaar zu bilden.
Danach können Sie den Paaren eine weitere Anweisung erteilen, die sie befolgen dürfen, sobald die Musik erklingt.

LUSTIGE MUSIKANTEN

TANZSPIEL

Alter **ab 4 Jahren**

Dazu brauchen Sie **ein Rhythmusinstrument für jedes Kind (z. B. eine Rassel oder Klangstäbe), Tanzmusik**

Immer zwei Kinder bilden ein Paar. Zum Rhythmus der Tanzmusik tanzt jedes Paar Hand in Hand im Kreis herum. In dem Moment, in dem Sie die Musik stoppen, sollen alle Paare in ihrer angefangen Bewegung verharren. Diejenigen Paare, denen das gelingt, knien sich auf den Boden und erhalten von Ihnen jeweils zwei Rhythmusinstrumente, mit denen sie in der nächsten Spielrunde die Musik begleiten. Die übrigen Paare dürfen dann Hand in Hand im Takt im Kreis herumtanzen. Das geht wieder so lange, bis die Musik stoppt. Daraufhin sollen die Paare, die noch übrig sind, sofort mit dem Tanzen aufhören.
Ziel ist es, dass alle Kinder möglichst schnell auf dem Boden knien und somit die Musik rhythmisch begleiten.

KINDERKARUSSELL

SINGSPIEL

Alter ab 3 Jahren

Alle Kinder bilden einen engen Stuhlkreis, und zwar so, dass die Stuhllehne in Richtung Kreismitte zeigt. Sie setzen sich rittlings auf ihren Stuhl, geben sich gegenseitig die Hände und singen gemeinsam die erste Strophe des traditionellen Kniereiterverses „Hoppe, hoppe Reiter", bei dem sie nun zu jeder Silbe kurz ihr Gesäß anheben und dabei so tun, als ob sie auf einem Pferd, das den Stuhl darstellt, reiten würden:

„Hoppe, hoppe Reiter, wenn er fällt, dann schreit er.
Fällt er in den Graben, fressen ihn die Raben.
Fällt er in den Sumpf, macht der Reiter plumps."

Klappt das gut oder lässt ein Kind ein anderes los? Falls ja, fängt der Kniereitervers von vorne an. Am Ende tun alle Kinder so, als würden sie vom Pferd bzw. Stuhl fallen.
Im Anschluss daran wechseln alle Pferde bzw. Stühle, indem sie einen Platz links im Kreis herum weiterrücken und sich somit auf einen neuen Stuhl setzen. Danach wiederholen Sie das Singspiel. Auf diese Weise geht es immer weiter, bis wieder alle so wie am Anfang zusammen im Kreis sitzen.

STOPP! SCHNELL HINSETZEN

TANZSPIEL

Alter ab 4 Jahren

Dazu brauchen Sie Tanzmusik, eine Stoppuhr oder Uhr mit Sekundenzeiger

Die Kinder bilden einen Stuhlkreis und stellen sich Hand in Hand direkt vor ihre Stühle. Zum Rhythmus der Musik tanzt die Gruppe nun links im Kreis herum. Sobald die Musik stoppt, setzen sich alle Kinder so schnell wie möglich auf die Stühle, die sich direkt hinter ihnen befinden. Wie lange wird es wohl dauern, bis alle zusammen im Stuhlkreis sitzen? Stoppen Sie die Zeit, bevor Sie die Kinder zu einer weiteren Tanzrunde einladen, bei der sie versuchen, sich noch schneller auf die Stühle zu setzen.

BIENEN SUMMEN

SINGSPIEL

Alter **ab 3 Jahren**

Die Kinder sitzen zusammen im Stuhlkreis. Ein beliebiges Kind darf in den Innenkreis und eine Biene spielen. Dabei singen die Kinder das altbekannte Lied „Summ, summ, summ“:

„Summ, summ, summ!
Bienchen, summ herum!
Ei, wir tun dir nichts zuleide,
flieg nur aus in Wald und Heide!
Summ, summ, summ,
Bienchen, summ herum!“

Das Kind macht dabei mit seinen Armen Flügelbewegungen und geht in Richtung eines Kindes, vor dem es stehen bleibt, um es in den Innenkreis zu bitten. Fragen Sie nun die Gruppe, wie viele Bienen nun gleich unterwegs sind. Während nun die Kinder im Stuhlkreis die erste Strophe des Lieds singen und dabei die Worte „dir“ durch „euch“ und „flieg“ durch „fliegt“ ersetzten, „fliegen“ die zwei Kinder vergnügt im Innenkreis herum. Am Ende bleiben die beiden Kinder vor jeweils einem neuen Kind im Stuhlkreis stehen, die in der nächsten Runde ebenfalls im Innenkreis mitmachen dürfen. Zuvor sollen jedoch die Kinder wieder herausfinden, wie viele Bienen bzw. Kinder sich nun im Innenkreis befinden.
Auf diese Weise geht es immer weiter, bis alle Kinder Bienen spielen und vergnügt im Innenkreis herumfliegen bzw. tanzen.

SO KLINGEN DIE STÜHLE

RHYTHMUSSPIEL

Alter ab 4 Jahren

Dazu brauchen Sie Tanzmusik, evtl. vier Markierungskegel

Die Kinder holen sich jeweils einen Stuhl, den sie auf einem überschaubaren Spielfeld hinstellen, das Sie durch vier Markierungskegel sichtbar machen können. Sobald die Musik erklingt, fassen sich alle an ihre Hüfte und drehen sich beim Gehen um die eigene Achse und dabei auch um die einzelnen Stühle linksherum. Wenn die Musik stoppt, setzt sich jedes Kind rasch auf einen freien Stuhl. Danach erklingt erneut die Musik, die die Kinder rhythmisch mithilfe der Stühle als Instrument begleiten dürfen. Dabei können sie aufstehen, um im Takt z. B. mit den flachen Händen auf die Sitzfläche patschen, mit den Fingerknöcheln gegen die Stuhllehne oder mit der Faust gegen die untere Sitzfläche klopfen. Nach einer Weile schalten Sie die Musik wieder ein, sodass das Ganze von vorne beginnen kann.
Auf diese Weise können die Kinder noch ein paarmal tanzen und somit auch verschiedene Stühle zum Klingen bringen.

KLANGPAUSE

RHYTHMUSSPIEL

Alter ab 4 Jahren

Dazu brauchen Sie eine Klangschale, eine Handtrommel

Zum Rhythmus des Trommelspiels dürfen die Kinder auf Ihre Anweisung hin z. B. durch den Raum hüpfen. Sobald Sie die Klangschale erklingen lassen, bleiben alle stehen und lauschen. Dabei können Sie auch mehrmals kurz hintereinander die Klangschale anschlagen. Können alle Kinder ruhig stehen bleiben, bis der Klang verklungen ist?
Unabhängig davon setzt das Trommelspiel wieder ein, zu dem die Kinder auf Ihre Anweisung hin nun im Takt durch den Raum laufen/marschieren, jedoch nur so lange, bis Sie die Klangschale erneut erklingen lassen.
Auf diese Weise finden noch ein paar Durchgänge statt, bei denen die Kinder jedes Mal, wenn die Klangschale erklingt, eine Pause machen.

Auf dem See

SINGSPIEL

Alter ab 3 Jahren

Dazu brauchen Sie ein Kissen für jedes Kind

Die Kinder setzen sich auf Kissen in den Kreis. Danach verteilen sie sich im Innenkreis und singen miteinander das altbekannte Kinderlied „Alle meine Entchen" und machen dabei während des Gehens mit ihren Armen Schwimmbewegungen.
Kaum ist das Lied beendet, geht es sofort aufs Land zurück. Werden alle Entchen schnell jeweils einen Platz auf einem freien Kissen finden? Zählen Sie langsam bis drei, sodass die Kinder eine realistische Chance haben, die Aufgabe zu erfüllen.

Wandersleute

SINGSPIEL

Alter ab 3 Jahren

Dazu brauchen Sie ein Sitzkissen für jedes Kind, einen kleinen Rucksack, evtl. vier Markierungskegel

Alle Kinder bis auf eines verteilen sich mit ihren Sitzkissen auf einem überschaubaren Spielfeld, das Sie mithilfe von vier Markierungskegeln kennzeichnen können. Während sich die Kinder nun auf ihre Kissen setzen, bekommt das übrige Kind von Ihnen einen kleinen Rucksack. Gemeinsam singen alle die erste Strophe des Liedes „Das Wandern ist des Müllers Lust". Dabei geht das Kind mit dem Rucksack auf dem Spielfeld herum und sucht sich in Gedanken ein anderes Kind aus, das es aus dem „Haus" locken und somit zum Wandern einladen möchte. Ist die Strophe beendet, winkt das Kind mit dem Rucksack das betreffende Kind herbei, das nun aufstehen und hinter ihm hergehen darf. Danach wandern zwei Kinder so lange auf dem Spielfeld herum, bis die Strophe wieder beendet ist.
Auf diese Weise geht es immer weiter, bis alle Kinder gemeinsam wandern.

RHYTHMISCH UNTERWEGS

RHYTHMUSSPIEL

Alter ab 5 Jahren

Dazu brauchen Sie Tanzmusik, evtl. vier Markierungskegel o. Ä.

Zu Beginn können Sie ein übersichtliches Spielfeld mit vier Markierungskegeln kennzeichnen. Zum Rhythmus der Musik dürfen alle Kinder auf Ihre Anweisung hin z. B. walken. Stoppt die Musik, bleiben alle Kinder sofort stehen. Eines der Kinder, das besonders schnell stehen bleibt, wird namentlich von Ihnen aufgerufen. Das betreffende Kind darf sich eine neue Bewegungsart wünschen, wie z. B. im Takt zur Musik durch den Raum hüpfen, springen oder einfach während des Gehens in die Hände klatschen. Danach schalten Sie die Musik wieder ein, zu der sich alle erneut so lange im Takt bewegen, bis die Musik stoppt. Danach rufen Sie wieder ein Kind auf, das besonders schnell stehen bleibt.
Die Kinder dürfen auf diese Weise nach Herzenslust weitermachen.

MITEINANDER TANZEN

TANZSPIEL

Alter **ab 4 Jahren**

Dazu brauchen Sie **Tanzmusik**

Alle Kinder bis auf eines verteilen sich auf einem übersichtlichen Spielfeld. Zum Rhythmus der Musik stemmen sie ihre Hände in die Hüften und drehen sich um die eigene Achse. Das übrige Kind geht im Takt auf eines der Kinder zu und nimmt es an die Hand. Auf die gleiche Weise geht das neue Kind mit dem ersten Kind im Schlepptau auf ein weiteres zu, das ihm dann die Hand gibt. Es kommen so immer mehr Kinder hinzu, die eine Menschenkette und ganz am Schluss einen großen Kreis bilden. Miteinander tanzen sie nun Hand in Hand so lange links im Kreis herum, bis die Musik beendet ist.

MIT MUSIK WALKEN

MUSIKSPIEL

Alter **ab 5 Jahren**

Dazu brauchen Sie **Tanzmusik, evtl. vier Markierungskegel o. Ä.**

Auf einem überschaubaren Spielfeld, das Sie mithilfe von vier Markierungskegeln für alle sichtbar machen, verteilen sich die Kinder. Danach schalten Sie die Musik ein. Eines der Kinder, das Sie auswählen, beginnt zu walken. Es geht mit einer höheren Geschwindigkeit als beim Gehen und einem aktiven Armschwung in Richtung eines anderen Kindes. Dort angekommen klatscht es das ausgewählte Kind mit einer Hand ab. Daraufhin darf das betreffende Kind ebenfalls zu einem anderen Kind walken.
Das Spiel ist aus, sobald alle auf dem Spielfeld walken oder die Musik beendet ist. Im zweiten Fall probieren die Kinder einfach noch einmal das Spiel aus, mit dem Ziel, dass alle walken, bevor die Musik beendet ist.

KOMM TANZEN

SINGSPIEL

Alter ab 4 Jahren

Die Kinder bilden einen Innen- und einen Außenkreis, und zwar so, dass sich immer zwei Kinder direkt gegenüberstehen und in die Augen blicken können.
Spielt eine ungerade Anzahl an Kindern mit, machen Sie einfach mit.
Während Sie nun gemeinsam die erste Strophe des traditionellen Kinderliedes „Brüderchen, komm tanz mit mir!" singen, machen Sie die dazu passenden Bewegungen:

„Brüderchen, komm tanz mit mir,
beide Hände reich ich dir,
einmal hin, einmal her,
rundherum, das ist nicht schwer."

Immer zwei Kinder, die sich direkt gegenüberstehen, reichen sich beide Hände. Miteinander machen sie mit dem linken Fuß einen Schritt nach links auf der Kreisbahn und schließen dabei mit dem rechten Fuß auf. Danach machen sie gegen den Uhrzeigersinn mit dem rechten Fuß einen Schritt auf der Kreisbahn und schließen dann mit dem linken Fuß auf, sodass sie wieder auf ihrem Ausgangsplatz stehen. Danach gehen alle Paare im Takt der Tanzmusik Hand in Hand im Uhrzeigersinn herum.
Im Anschluss dürfen die Kinder neue Paare bilden, indem die Kinder im Außenkreis einen Platz nach links rücken. Danach dürfen alle das Singspiel wiederholen.

Kapitel 6

Miteinander fit und entspannt

Durch Bewegung zur Ruhe kommen

Kinder wollen sich bewegen, brauchen jedoch auch Zeit zum Entspannen, Träumen und Genießen. Eine einfache Möglichkeit, um beide Komponenten unter einen Hut zu bringen, bieten Praxisideen, bei denen Kinder durch Bewegung zur Ruhe kommen. Das Angebot hierfür ist groß: Meditative Tänze, Mandalas, Mitmachgeschichten, Ruhe- und Entspannungsspiele sind Beispiele dafür, wie Kinder auf vielfältige Weise schöne Ruhemomente genießen, neue Kraft schöpfen und in Einklang mit sich und der Gruppe kommen können. Zum Mitmachen sind bei den nachfolgenden Praxisideen auch keine speziellen Vorkenntnisse erforderlich, sodass sich selbst eine größere Kitagruppe voller Freude bewegen und dabei ohne viel Zutun zur Ruhe und Besinnung kommen kann.

Klangschön zur Ruhe kommen

Entspannungsspiel

Alter ab 3 Jahren

Dazu brauchen Sie eine Glocke, eine Klangschale

Die Kinder bilden einen großen Stuhlkreis und verteilen sich im Innenkreis.
Auf Ihre Anweisung hin dürfen die Kinder z. B. im Innenkreis hüpfen, auf allen vieren krabbeln oder laufen. Das geht so lange, bis Sie mit der Glocke läuten. Daraufhin sucht sich jedes Kind einen Platz im Stuhlkreis. Sitzen alle Kinder bequem, sagen Sie Folgendes:

„Wir geben uns die Hände und sind jetzt ganz leis'.
Wir genießen so die Ruhe in unserem schönen Kreis!"

Lassen Sie nun ein paarmal kurz hintereinander die Klangschale erklingen, sodass die Gruppe gemeinsam ein schönes Klangerlebnis hat und zur Ruhe kommen kann.

Im Schein der Kerze

Ruhespiel

Alter ab 3 Jahren

Dazu brauchen Sie eine dicke LED-Kerze, ruhige Instrumentalmusik

Die Kinder bilden einen Kreis, in dessen Mitte Sie eine dicke LED-Kerze stellen. Dunkeln Sie den Raum etwas ab und schalten Sie die ruhige Instrumentalmusik ein. Eines der Kinder beginnt und geht in Richtung der Kerze und schließlich einmal ganz langsam und gemütlich um diese herum. Danach geht es wieder auf seinen Platz zurück. Während sich nun das Kind auf die Kreisbahn kniet, kommt dasjenige Kind, das sich links neben ihm befindet, an die Reihe und läuft ebenfalls zur Kerze und einmal um diese herum. Anschließend geht es wieder auf seinen Platz zurück.
Das geht nun immer so weiter, bis alle Kinder zusammen im Kreis auf dem Boden knien.
Die Kinder bleiben so noch ein paar Sekunden sitzen und genießen die Ruhe und das Flackern des Kerzenlichts.

SCHLAFENDE KÄTZCHEN

ENTSPANNUNGSSPIEL

Alter ab 3 Jahren

Dazu brauchen Sie eine Isomatte oder Decke für jedes Kind, eine Handtrommel, eine Klangschale, evtl. vier Markierungskegel

Auf einem überschaubaren Spielfeld, das Sie mithilfe von vier Markierungskegeln kennzeichnen können, legen Sie für jedes Kind eine ausgebreitete Isomatte auf den Boden. Zum schnellen Rhythmus des Trommelspiels, das durch Sie nun erfolgt, krabbeln die Kinder auf allen vieren durch den Raum und spielen kleine Kätzchen.
Indem Sie immer langsamer trommeln, passen die Kinder ihr Bewegungstempo an. Teilen Sie den Kindern mit, dass alle Kätzchen vom Herumtollen müde geworden sind. Jedes Kätzchen sucht sich deshalb einen gemütlichen Schlafplatz aus. Die Kinder legen sich mit dem Rücken auf die Isomatten und schließen, falls sie möchten, ihre Augen. Schlagen Sie nun die Klangschale mehrmals hintereinander an, sodass die Kinder die warmen Klänge genießen und dabei zur Ruhe kommen können.
Nach zwei bis drei Minuten haben die Kätzchen bzw. Kinder wieder genug Kraft geschöpft und öffnen, falls noch nicht geschehen, ihre Augen. Danach dürfen sie auf Ihre Anweisung hin über die Seitenlage aufstehen.

WUNDERBLUME

MEDITATIVER TANZ

Alter **ab 5 Jahren**

Dazu brauchen Sie **eine Triangel, eine Klangschale**

Die Kinder bilden drei unterschiedlich große Gruppen. Die kleinste Gruppe stellt sich Hand in Hand im Kreis auf. Die zweitgrößte Gruppe bildet um diese einen geschlossenen Kreis. Danach folgt die größte Gruppe, die sich Hand in Hand im Außenkreis aufstellt.

Die Kinder stellen eine Wunderblume dar. Dabei machen alle drei Gruppen jedes Mal, wenn Sie die Triangel anschlagen, einen Schritt seitwärts im Uhrzeigersinn herum. Das geht so lange, bis die Triangel verstummt und somit alle stehen bleiben.

Während Sie nun die Klangschale einmal anschlagen, machen alle einen Schritt rückwärts, sodass sich die Blüte langsam öffnet. Das wiederholen sie so lange, bis die Kinder sich nicht mehr an den Händen halten können und sich somit die „Blüte" ganz geöffnet hat.

TÜCHER-MANDALA

MANDALA

Alter **ab 4 Jahren**

Dazu brauchen Sie **ein Chiffontuch für jede Kleingruppe in einer bestimmten Farbe, einen Gymnastikreifen, eine dicke LED-Kerze, ruhige Instrumentalmusik**

Die Kinder bilden vier gleich große Gruppen. Jede Kleingruppe erhält von Ihnen Chiffontücher in einer bestimmten Farbe.

Zum Rhythmus der ruhigen Instrumentalmusik bewegen sich alle Kinder durch den Raum. Immer wenn sich zwei Kinder begegnen, tauschen sie ihre Tücher untereinander aus. Sobald die Musik stoppt, bilden alle Kinder einen Kreis, in dessen Mitte Sie einen Gymnastikreifen und eine Kerze platzieren. Danach bitten Sie alle Kinder mit einer bestimmten Tuchfarbe, der Reihe nach vorzutreten. Sie dürfen nun ihre Tücher um den Reifen herumlegen. Danach wählen Sie eine weitere Gruppe aus, die nacheinander in Richtung Kreismitte gehen darf, damit sie ihre Tücher nun um den bereits vorhandenen Ring aus Tüchern legen können.

Auf diese Weise kommen die dritte und schließlich auch die vierte Gruppe zum Einsatz, sodass allmählich ein Mandala aus vier verschiedenfarbigen Tücher-Ringen entsteht.
Am Schluss schalten Sie zunächst die Kerze und dann die Musik an. Die Kinder gehen nun Hand in Hand so lange um das „leuchtende" Mandala im Kreis herum, bis die Musik endet.

AUSFLUG ANS MEER

MITMACHGESCHICHTE

Alter **ab 5 Jahren**

Dazu brauchen Sie **eine Isomatte oder Decke für jedes Kind, ruhige Instrumentalmusik mit Meeresrauschen**

Die Kinder verteilen ihre Isomatten im Raum. Danach gehen alle an den „Strand", wenn Sie die ruhige Instrumentalmusik mit Meeresrauschen einschalten. Immer zwei bis drei Kinder geben sich gegenseitig die Hände und gehen gemeinsam durch den Raum. Dabei können Sie den Kindern berichten, wie weich und angenehm sich der Sandstrand unter ihren Füßen anfühlt. Die Sonne scheint schön warm auf sie herab, sodass sich alle wohlfühlen. Nach einer Weile dürfen die Kinder sich mit dem Rücken oder Bauch auf jeweils eine Decke legen, um das Meeresrauschen zu genießen. Erzählen Sie den Kindern etwas über das unendlich weite Meer mit seinen vielen kleinen und großen Meeresbewohnern. Dabei können Sie von ein paar Delfinen berichten, die fröhlich im blauen Meer herumspringen, oder von der Wiese des Meers, die als Seegras bezeichnet wird. Kleine Meerestiere wie Seeigel und Muscheln ernähren sich davon. Das Seegras bietet jedoch auch Schutz z. B. für Fische, Krebse und Langusten. Erzählen Sie den Kindern, wie wohl sich alle Pflanzen und Tiere im Meer fühlen.
Genießen Sie gemeinsam die Ruhe, bis die Musik endet. Danach stehen alle langsam am besten über die Seitenlage auf. Die Kinder bilden Fäuste und recken und strecken sich ausgiebig.

KLANGSCHÖNE ERLEBNISSE

RUHESPIEL

Alter **ab 4 Jahren**

Dazu brauchen Sie **ein Sitzkissen für jedes Kind, eine Triangel**

Alle Kinder sitzen im Schneidersitz eng beisammen auf ihren Sitzkissen im Kreis. Ein beliebiges Kind erhält von Ihnen eine Triangel.
Das betreffende Kind lässt die Triangel erklingen und geht, sobald der Klang verklungen ist, in Richtung eines anderen Kindes, um ihm die Triangel zu übergeben. Während nun das neue Kind von seinem Platz aus die Triangel erklingen lässt, geht das erste Kind auf Samtpfoten wieder zurück. Sobald der Klang verklungen ist, geht das Kind auf ein anderes Kind zu, um ihm die Triangel zu übergeben.
Das Klangspiel geht immer so weiter, bis alle Kinder zumindest einmal die Triangel erklingen lassen konnten.

WALDSPAZIERGANG

MITMACHGESCHICHTE

Alter ab 5 Jahren

Dazu brauchen Sie ruhige Instrumentalmusik mit Vogelgezwitscher

Alle Kinder verteilen sich im Raum und suchen sich einen Platz. Laden Sie nun die Gruppe zu einem kleinen Waldspaziergang ein. Damit die Kinder das Gefühl haben, im Wald zu sein, eignet sich eine ruhige Instrumentalmusik, bei der auch Vogelgezwitscher zu hören ist. Die Kinder gehen nun Hand in Hand passend zur Melodie zu zweit oder dritt langsam durch den Raum. Dabei können Sie den Kindern auch erzählen, wie der Mischwald aussieht, den sie gerade durchstreifen. Sie können von den verschiedenen Pflanzen und Kleinstlebewesen berichten, die sich im Wald befinden. Zwischendurch machen Sie immer wieder eine Pause. Die Kinder bleiben stehen, sodass sie das Gesagte noch einmal Revue passieren lassen und sich nicht zuletzt auch ganz auf die ruhige Instrumentalmusik einlassen können.
Der Waldspaziergang endet mit der Musik. Die Kinder bilden auf Ihre Bitte hin einen Kreis und dürfen der Reihe nach berichten, wie ihnen der „Waldspaziergang" mit gefallen hat.

FLUMMI

ENTSPANNUNGSSPIEL

Alter ab 3 Jahren

Dazu brauchen Sie eine Handtrommel, eine Klangschale

Die Kinder stehen vor ihren Stühlen im Kreis und stellen Flummis dar, die so schnell auf und ab hüpfen, wie Sie trommeln. Indem Sie immer langsamer trommeln, passen die Kinder ihr Bewegungstempo an. Das geht so lange, bis Sie mit dem Trommeln aufhören und alle Kinder im Stuhlkreis Platz nehmen. In diesem Moment sagen Sie Folgendes:

„Alle Flummis hüpfen jetzt nicht mehr
und freuen sich über die Ruhe sehr!"

Daraufhin schlagen Sie die Klangschale immer leiser an und beenden schließlich mit einem letzten Klang das Spiel.

SONNE UND MOND

MITMACHGESCHICHTE

Alter ab 3 Jahren

Dazu brauchen Sie ein Sitzkissen für jedes Kind, eine Handtrommel, eine Klangschale, evtl. vier Markierungskegel

Die Kinder verteilen ihre Kissen auf einem übersichtlichen Spielfeld, das Sie mithilfe von vier Markierungskegeln kennzeichnen können. Zum Rhythmus Ihres Trommelspiels springen alle Kinder recht vergnügt zwischen den Kissen hin und her. Tagsüber sind schließlich viele Menschen unterwegs. Dabei können die Kinder auch dem einen oder anderen, der ihnen gerade über den Weg läuft, zuwinken. Irgendwann kommt jedoch der Mond zum Vorschein. Lassen Sie nun die Klangschale erklingen. Erzählen Sie den Kindern, dass es draußen dunkel geworden ist und somit alle ihren Heimweg antreten müssen. Daraufhin sucht sich jedes Kind ein freies Kissen aus und macht es sich darauf bequem.
Während nun die Kinder ruhig auf ihren Kissen sitzen und gegebenenfalls ihre Augen schließen, lassen Sie ein paarmal hintereinander die Klangschale erklingen. Wenn der Klang immer leiser wird und allmählich verklingt, öffnen alle Kinder, falls noch nicht geschehen, ihre Augen. Ein neuer Tag bricht an, sodass Sie, falls gewünscht, das Ganze mit den Kindern noch einmal von vorne durchspielen können.

BALLONFAHRT

ENTSPANNUNGSSPIEL

Alter ab 4 Jahren

Dazu brauchen Sie ein kleines rundes Schwungtuch für jede Kleingruppe, eine runde Tischdecke o.Ä., ruhige Instrumentalmusik, eine Klangschale

Die Kinder bilden Kleingruppen mit jeweils vier bis sechs Kindern. Jede Kleingruppe erhält von Ihnen ein rundes Tuch, um das sich die Kinder herumstellen. Sobald die ruhige Instrumentalmusik erklingt, hebt jede Kleingruppe ihr Tuch locker gespannt. Zum Rhythmus der Musik „fliegen" nun alle „Heißluftballons" in der Luft und erleben aus der Vogelperspektive eine

traumhaft schöne Landschaft, die Sie in den schönsten Farben beschreiben können. Währenddessen sollen die Kinder als Gruppe die langsamen Bewegungen genießen und sich dabei auch aufeinander einlassen.
Erst wenn die Musik beendet ist, bleiben alle Gruppen stehen und knien sich langsam auf den Boden. Die „Ballons" bzw. Tücher landen auf einer weichen „Wiese" und bleiben schließlich auf dem Boden liegen. Lassen Sie nun ein paarmal die Klangschale erklingen, sodass alle Gruppen im Sitzen zur Ruhe kommen und die warmen Klänge, die an wohltuende Sonnenstrahlen erinnern, genießen können.

KLEINER REGENSCHAUER

ENTSPANNUNGSSPIEL

Alter **ab 4 Jahren**

Dazu brauchen Sie **ruhige Instrumentalmusik, einen Regenstab**

Während alle Kinder im Raum spazieren gehen, erklingt im Hintergrund die ruhige Instrumentalmusik. Sobald Sie den Regenstab leicht schräg halten, entsteht ein sanftes Regengeräusch. Die Kinder bleiben stehen und bilden mit ihren Händen ein Dach über dem Kopf. In dieser Position warten alle ab, bis der Regenschauer vorüber ist. Im Anschluss daran dürfen alle ihren Spaziergang bei „strahlendem Sonnenschein" fortsetzen.
Der Spaziergang endet mit dem Musikstück.

SCHNECKENHAUS

ENTSPANNUNGSSPIEL

Alter ab 3 Jahren

Dazu brauchen Sie eine Isomatte oder Decke für jedes Kind, eine Handtrommel, eine Klangschale

Die Kinder klemmen zwischen zwei Stühle jeweils eine Isomatte, sodass ein Bogen zum Durchkrabbeln entsteht.
Die Kinder spielen nun Schnecken und dürfen zwischen den „Häusern" auf dem Spielfeld umherkrabbeln. Indem Sie mit den Fingerspitzen langsam und kreisförmig auf der Trommel reiben, geben Sie den Kindern das Bewegungstempo vor. Das geht so lange, bis die Trommel verstummt. Die Kinder bleiben stehen und hören auf Ihre Worte:

„Alle Schnecken suchen sich ein Haus
und ruhen sich in ihrem Haus aus!"

Damit das jedoch nicht zu hastig geschieht, reiben Sie wieder mit den Fingerspitzen langsam und kreisförmig auf der Trommel. Sobald alle Kinder unter einer Isomatte liegen und somit ein Haus gefunden haben, lassen Sie ein paarmal die Klangschale erklingen.
Danach dürfen wieder alle aus ihren Häusern kriechen und das Spiel, falls sie möchten, wiederholen.

KLANG IN DER MITTE

RUHESPIEL

Alter ab 3 Jahren

Dazu brauchen Sie eine Klangschale

Alle Kinder stehen Hand in Hand zusammen im Kreis, in dessen Mitte Sie eine Klangschale platzieren. Eines der Kinder schlägt nun die Klangschale an und die Gruppe geht links im Kreis herum. Sobald der Klang verklungen ist, bleiben alle stehen. Das Kind in der Mitte wechselt nun seinen Platz mit einem anderen Kind. Danach geht die Gruppe Hand in Hand rechts im Kreis herum, sobald das neue Kind die Klangschale erklingen lässt.
Auf diese Weise kann das Ruhespiel nach Herzenslust fortgesetzt werden.

KLANGSCHÖNER PLATZWECHSEL

RUHESPIEL

Alter ab 3 Jahren

Dazu brauchen Sie eine Klangschale

Die Kinder bilden einen Stuhlkreis, stellen sich im Innenkreis vor ihre Stühle und geben sich gegenseitig die Hände. Sobald Sie die Klangschale einmal erklingen lassen, gehen alle Hand in Hand links im Innenkreis herum. Ist der Klang verklungen, setzen sich alle auf den Platz, der sich direkt hinter ihnen befindet. Erst wenn alle im Kreis sitzen, lassen sie abermals die Klangschale erklingen.
Danach stehen die Kinder wieder auf, sodass alles wieder von vorne beginnen kann.
Konnten alle Kinder ein paarmal ihre Plätze wechseln und dabei den Klang der Klangschale genießen, ist das Spiel beendet.

UNSERE LICHTER

MEDITATIVER TANZ

Alter ab 4 Jahren

Dazu brauchen Sie ein LED-Teelicht für jedes Kind, ruhige Instrumentalmusik, eine Klangschale

Die Kinder bilden einen großzügigen Stuhlkreis. Auf jeden Stuhl stellen Sie ein angeschaltetes Teelicht. Während die Kinder sich nun im Außenkreis hinter ihre Stühle stellen, dunkeln Sie den Raum etwas ab. Erklären Sie den Kindern, dass wir alle Licht zum Leben brauchen und jeder von uns ein Licht für einen anderen Menschen sein kann, indem man z. B. freundlich zu anderen ist. Laden Sie nun die Kinder zu einem Lichtertanz ein, bei dem sie in den Genuss der Lichter im Kreis kommen können.
Die Kinder stemmen ihre Hände in die Hüften. Zum Rhythmus der ruhigen Instrumentalmusik gehen alle einmal um ihren Stuhl herum. Am Ausgangsplatz angekommen, bleiben alle Kinder stehen. Erklingt die Klangschale, gehen alle Kinder zum nächsten Licht, das links neben ihnen auf einem Stuhl im Kreis steht. Danach setzen sie den Tanz mit dem neuen Licht auf die gleiche Weise fort.
Das geht so immer weiter, bis alle Kinder einmal um die einzelnen Lichter herumtanzen konnten und schließlich wieder vor ihrem ursprünglichen Licht stehen.

DIE SONNE GEHT LANGSAM AUF

MEDITATIVER TANZ

Alter **ab 5 Jahren**

Dazu brauchen Sie **eine Klangschale, ruhige Instrumentalmusik**

Die Kinder stehen eng beisammen im Kreis und wollen nun die aufgehende Sonne darstellen. Schalten Sie die ruhige Instrumentalmusik ein. Jedes Mal, wenn Sie die Klangschale erklingen lassen, gehen alle einen großen Schritt zurück. Erst wenn alle einen großzügigen Kreis bilden, stemmen sie ihre Hände in die Hüften. Sie drehen sich im Takt um die eigene Achse und gehen dabei im Uhrzeigersinn herum.
Das geht so lange, bis das Musikstück beendet ist.

HAARE WASCHEN

ENTSPANNUNGSSPIEL

Alter **ab 3 Jahren**

Dazu brauchen Sie **eine Ocean-Drum oder einen Regenstab**

Alle Kinder sitzen zusammen im Kreis und spielen „Haare waschen". Lassen Sie nun die Ocean-Drum erklingen, die den Wasserstrahl darstellen soll. Die Kinder genießen den „Wasserstrahl" und massieren dabei mit ihren Fingerspitzen ihren Kopf. Dabei können sie auch so tun, als ob sie etwas Shampoo auftragen würden. In diesem Fall können sie auf Ihre Anweisung hin mit ihren Händen über ihren Kopf streicheln, um danach das Shampoo wieder auszuwaschen bzw. den Kopf mit den Fingern zu massieren. Dabei lassen Sie wieder die Ocean-Drum erklingen. Anschließend werden die Haare gekämmt und geföhnt, indem sie mit den Fingern vom Haaransatz bis zu den Haarspitzen sanft durch die Haare streichen. Sobald die Haare in Topform gebracht wurden, dürfen sich alle Kinder voller Freude in einem Spiegel betrachten.

KAPITEL 7

AUF EIN WIEDERSEHEN

Kurzweilige Spielideen zum „Tschüss!"-Sagen und Feedbackgeben

Die Zeit verfliegt wieder einmal im Nu. Ein kurzweiliges Abschlussspiel sollte jedoch stets möglich sein, damit die gemeinsam verbrachte Spielzeit nicht abrupt endet, sich alle noch einmal gegenseitig bewusst wahrnehmen und voneinander verabschieden können. Im letzten Kapitel werden nun jede Menge Bewegungsspiele zum Verabschieden vorgestellt. Bei manchen Praxisideen erhalten die Kinder auch Gelegenheit, ein kurzes Feedback zum Tag oder vorangegangen Spielen und anderen Angeboten zu geben. Auf diese Weise finden Sie schnell heraus, was den Kindern besonders gut gefallen hat und was beim nächsten Mal vielleicht noch besser laufen könnte. Zudem können Sie den Kindern so auch sagen, wie sehr Sie sich auf das nächste Treffen freuen, das für alle wieder viele tolle Bewegungserlebnisse bereithält.

BIS HOFFENTLICH BALD!

BALLSPIEL

Alter ab 5 Jahren

Dazu brauchen Sie einen Softball

Die Kinder bilden einen Kreis. Eines der Kinder holt sich einen Softball, wirft den Ball einem beliebigen Kind zu und sagt dabei laut:

„Bis hoffentlich bald!“

Während das Kind nun die Gruppe verlässt, wirft das zweite Kind den Ball einem anderen Kind zu. Es sagt dann ebenfalls „Bis hoffentlich bald!“ und läuft blitzschnell davon.
Auf diese Weise geht es immer weiter, bis nur noch ein Kind übrig ist, das Ihnen dann den Ball mit den Worten „Bis hoffentlich bald!“ zuwirft und schließlich weggeht.

WIR SAGEN „TSCHÜSS!“

BEWEGUNGSSPIEL

Alter ab 5 Jahren

Dazu brauchen Sie eine Handtrommel

Zum Rhythmus des Trommelspiels laufen alle Kinder kreuz und quer durch den Raum. Stoppt das Trommelspiel, heben Sie für alle gut sichtbar z. B. drei Finger in die Luft. Daraufhin dürfen immer drei Kinder eine Gruppe bilden und sich gegenseitig mit den Händen abklatschen. Danach fängt das Trommelspiel wieder an, zu dem alle Kinder wieder einzeln durch den Raum gehen. Sobald Sie jedoch mit dem Trommeln aufhören, bleiben alle Kinder stehen und warten, wie viele Finger Sie nun herzeigen bzw. wie viele Kinder sich voneinander durch Abklatschen verabschieden sollen.
Nach ein paar Durchgängen dieser Art ist die Verabschiedung in den verschiedenen Gruppenkonstellationen beendet.

ABSCHIEDSRAD

KREISSPIEL

Alter ab 5 Jahren

Dazu brauchen Sie eine Handtrommel

Die Kinder bilden einen Innen- und einen Außenkreis. Dabei stellen sich immer zwei Kinder direkt gegenüber, die sich nun mit beiden Händen abklatschen und dabei laut „Tschüss!" sagen. Sobald Sie einmal trommeln, rücken alle Kinder im Innenkreis einen Platz linksherum, sodass neue Paare gebildet werden, die sich auch mit beiden Händen abklatschen und dabei laut „Tschüss!" sagen. Danach trommeln Sie wieder einmal laut, sodass die Kinder im Innenkreis erneut einen großen Schritt nach links auf der Kreisbahn machen.
Das geht so lange weiter, bis alle Kinder im Innenkreis wieder auf ihrem Ausgangsplatz stehen.

HINWEIS Je schneller Sie trommeln, desto mehr Schwung und Heiterkeit kommt ins Spiel.

HIPP, HIPP, HURRA, DU WARST DA!

KREISSPIEL

Alter ab 4 Jahren

Alle Kinder stellen sich in einem Kreis nicht zu nah zusammen auf.
Ein beliebiges Kind sagt Folgendes:

„Hipp, hipp, hurra, … *(Vornamen des ausgewählten Kindes einsetzen)* war da!"

Dabei hüpft das Kind bei jeder Silbe in die Luft. Es winkt dem ausgewählten Kind zu und sagt dabei laut „Tschüss, … (Vornamen des Kindes einsetzen)." Das Kind, das namentlich in dem Satz benannt wurde, tut es ihm gleich und benennt am Schluss ein weiteres Kind.
Das Spiel geht so immer weiter, bis alle Kinder verabschiedet wurden. Am Schluss sagen Sie dann laut:

„Hipp, hipp, hurra, ihr wart alle da!"

Danach verabschieden Sie die Gruppe herzlich, bevor die Kinder den Kreis verlassen.

LI, LA, MAUS

KREISSPIEL

Alter ab 3 Jahren

Die Kinder sitzen auf Kissen zusammen im Kreis, in dessen Mitte Sie sich hinstellen. Während Sie nun den folgenden Spruch aufsagen, deuten Sie bei jeder Silbe ausgehend von einem beliebigen Kind der Reihe nach im Uhrzeigersinn auf die einzelnen Kinder:

„Li, la, Maus, li, la, Maus, li, la, Maus,
du krabbelst aus dem Kreis heraus!"

Dasjenige Kind, auf das Sie als Letztes zeigen, sagt „Tschüss!" zu der Gruppe und krabbelt dann z. B. in Richtung Garderobe, um sich für den Nachhauseweg fertig zu machen.
Unabhängig davon setzen Sie das Spiel so lange mithilfe des Abzählreims fort, bis alle Kinder irgendwann den Kreis auf allen vieren verlassen haben und sich somit von den anderen im Kreis verabschieden konnten. Die letzten drei Kinder werden dann von Ihnen verabschiedet und dürfen auf allen vieren z. B. in Richtung Garderobe krabbeln.

ABSCHIEDSLAUF

BEWEGUNGSSPIEL

Alter ab 4 Jahren

Dazu brauchen Sie eine Handtrommel

Zum Rhythmus des Trommelspiels laufen alle Kinder fröhlich im Raum herum. Begegnen sich zwei Kinder, winken sie sich gegenseitig zu.
Das geht so lange, bis das Trommeln stoppt. Alle bleiben stehen und hören Ihnen zu, wie Sie nun laut sagen:

„Unser Abschiedslauf ist nun aus.
Wir gehen alle vergnügt nach Haus/raus!"

Danach dürfen alle Kinder entweder nach Hause oder einfach ins Freie gehen, um gemeinsam frische Luft zu schnappen und zu spielen.

ALLE MÄUSCHEN

BEWEGUNGSSPIEL

Alter ab 3 Jahren

Die Kinder bilden zwei gleich große Gruppen. Eine Gruppe verteilt sich im Raum. Dabei stellen sich die Kinder mit gegrätschten Beinen auf. Alle Kinder aus der zweiten Gruppe spielen Mäuse und krabbeln auf alle vieren auf dem Boden herum. Nachdem Sie einmal kräftig getrommelt haben, sagen Sie laut:

„Alle Mäuschen sagen ‚Tschüss!'
und krabbeln in jeweils ein Häuschen!"

Die Kinder, die die Mäuse spielen, winken sich gegenseitig zu und krabbeln dann jeweils zwischen den Beinen eines stehenden Kindes durch.
Im Anschluss daran wechseln alle Paare ihre Rollen und das Spiel wird noch einmal durchgeführt.

UND WAS KOMMT JETZT?

KREISSPIEL

Alter ab 4 Jahren

Dazu brauchen Sie eine Handtrommel

Alle stehen zusammen im Kreis, und zwar so, dass jedes Kind genügend Platz auf der Kreisbahn hat. Zum Rhythmus des Trommelspiels, das nach und nach immer schneller erfolgt, laufen alle Kinder auf der Stelle. Sobald das Trommeln verstummt, bleiben alle stehen und sagen laut:

„Tschüss, für heute ist nun Schluss!
Und was kommt jetzt? (kurze Pause)
Ein Abschiedskuss!"

Daraufhin dürfen die Kinder sich gegenseitig durch eine Handbewegung symbolisch einen Kuss zuwerfen. Wer das jedoch nicht möchte, darf blitzschnell mit ganz viel Gelächter und freudigem Geschrei den Kreis verlassen.

TSCHÜSS, IHR MÄUSEKINDER!

GESCHICKLICHKEITSSPIEL

Alter ab 4 Jahren

Die Kinder stellen sich hintereinander mit gegrätschten Beinen auf, sodass ein Tunnel entsteht. Das Kind, das den Anfang des Tunnels bildet, kniet sich auf den Boden und krabbelt wie eine Maus auf allen vieren durch die Beine der anderen. Am Ende des „Tunnels" angekommen, wird das Kind durch ein lautes „Tschüss!" von der Gruppe verabschiedet. Das Kind steht nun auf und stellt sich direkt vor die Gruppe mit gegrätschten Beinen hin. Danach darf dasjenige Kind, das hinter allen anderen steht, durch die Beine der übrigen Kinder krabbeln.
Auf diese Weise erkunden auch die übrigen Kinder der Reihe nach den Tunnel, bevor Sie schließlich alle Mäusekinder herzlich verabschieden.

WINKE, WINKE UND TSCHÜSS!

KREISSPIEL

Alter ab 3 Jahren

Dazu brauchen Sie ein Chiffontuch für jedes Kind

Alle Kinder stehen im Kreis und erhalten von Ihnen jeweils ein Chiffontuch. Eines der Kinder legt sein Tuch auf die Kreisbahn und stellt sich in den Innenkreis. Auf Ihr Kommando hin läuft das Kind nun einmal im Uhrzeigersinn herum. Sobald es an einem Kind vorbeiläuft, sagt es laut „Tschüss!" und winkt dabei mit seinem Tuch. Danach stellt sich das Kind wieder auf seinen Platz zurück und nimmt sein Tuch in die Hand.
Dasjenige Kind, das links neben ihm auf der Kreisbahn steht, legt nun sein Tuch auf die Kreisbahn und läuft einmal im Innenkreis herum. Dabei winken die Kinder wieder auf die gleiche Weise der Reihe nach dem Kind zu und sagen dabei laut „Tschüss!".
So geht es immer weiter, bis alle Kinder einmal im Innenkreis herumlaufen konnten und von den anderen verabschiedet wurden.

FEURIGER ABSCHLUSS

KREISSPIEL

Alter ab 5 Jahren

Dazu brauchen Sie einen roten Ball, eine Handtrommel

Die Kinder stehen zusammen im Kreis. Eines von ihnen erhält einen roten Ball, der „heiß“ ist und somit schnell weitergereicht werden muss. Dementsprechend wendet sich das Kind seinem linken Nachbarskind zu, übergibt rasch seinen Ball und sagt dabei laut „Tschüss!“. Das betreffende Kind tut es ihm gleich und wendet sich blitzschnell nach links.
Das geht so lange, bis Sie einmal kräftig trommeln. Daraufhin darf dasjenige Kind, das gerade den Ball in den Händen hält, diesen direkt vor seinen Füßen hinlegen und sagen, was ihm heute besonders gut gefallen hat. Das kann z. B. ein bestimmtes Spiel oder gar das gute Zusammenspiel in der Gruppe gewesen sein. So oder so nimmt es dann den Ball wieder an sich und startet eine neue „feurige“ Spielrunde.
Nach ein paar Spielrunden dürfen sich diejenigen Kinder, die noch nicht an der Reihe gewesen sind, ebenfalls zum heutigen Tag äußern.

EINE RUNDE SACHE

KREISSPIEL

Alter ab 5 Jahren

Dazu brauchen Sie einen Softball

Eines der Kinder holt sich den Softball und stellt sich, sobald die anderen einen Kreis gebildet haben, in die Mitte. Dort angekommen teilt es der Gruppe mit, was aus seiner Sicht heute rund und somit gut gelaufen ist. Dabei kann es auch einzelne Kinder oder gar die ganze Gruppe für das faire Spielen loben. Unabhängig davon wirft es den Ball dann senkrecht in die Luft und ruft ein anders Kind namentlich auf, das in den Innenkreis laufen und den Ball fangen darf. Während es sich nun auf die Kreisbahn stellt, darf sich das neue Kind in der Mitte äußern.
Auf diese Weise geht es immer weiter, bis alle Kinder, die gerne möchten, zu Wort gekommen sind.

VARIANTE

Anstatt den Ball senkrecht in die Luft zu werfen, darf das Kind in der Kreismitte einem anderen Kind den Ball zuwerfen. Die beiden Kinder wechseln rasch ihre Plätze. Außerdem dürfen diejenigen Kinder, die bereits zu Wort gekommen sind, sich auf die Kreisbahn knien, sodass das Kind im Innenkreis auf einen Blick erkennen kann, wer noch nicht an der Reihe gewesen ist.

ICH FAND GUT, DASS DU ...

BEWEGUNGSSPIEL

Alter ab 5 Jahren

Dazu brauchen Sie eine Handtrommel

Zum Rhythmus Ihres Trommelspiels laufen alle Kinder durch den Raum. Stoppt das Trommelspiel, sucht jedes Kind ein anderes, um mit ihm ein Paar zu bilden. Danach dürfen sich immer zwei Kinder voneinander verabschieden und sich gegenseitig etwas Positives mitteilen. Das kann z. B. die Hilfsbereitschaft, Freundlichkeit oder das faire Spielen des anderen Kindes sein. Danach setzt das Trommelspiel wieder ein, zu dem die Kinder wieder einzeln durch den Raum laufen. Das geht wieder so lange, bis das Trommeln stoppt und die Kinder sich erneut ein anderes Kind suchen, von dem sie sich verabschieden und dem sie etwas Gutes mit auf den Weg geben.

HINWEIS Spielt eine ungerade Anzahl an Kindern mit, dann können die Kinder auch Dreierteams bilden.

WEM HAT DAS GEFALLEN?

KREISSPIEL

Alter ab 4 Jahren

Alle Kinder stehen im Kreis. Zum Rhythmus Ihres Trommelspiels laufen alle Kinder links im Kreis herum. Stoppt das Trommeln, bleiben sie stehen und wenden sich der Kreismitte zu. Daraufhin bitten Sie alle Kinder, denen die Spiele heute gefallen haben, einen Luftsprung zu machen. Wer jedoch nicht so zufrieden gewesen ist, bleibt einfach stehen. Unabhängig davon fangen Sie zu trommeln an, sodass alle Kinder wieder hintereinander im Uhrzeigersinn laufen können.

Weitere Fragen:

- „Wer hat sich heute in der Gruppe wohlgefühlt?"
- „Wer hätte gerne länger gespielt?"
- „Wer konnte heute viel lachen?"

Im Anschluss daran können Sie natürlich auch die Gruppe fragen, was nicht so gut gelaufen ist und das nächste Mal anders laufen sollte.

EINS, ZWEI, DREI UND VIER

BEWEGUNGSSPIEL

Alter ab 4 Jahren

Dazu brauchen Sie eine Handtrommel

Die Kinder verteilen sich im Raum und laufen, sobald das Trommelspiel erklingt, kreuz und quer herum. Stoppt das Trommeln, bleiben alle sofort stehen und schauen in Ihre Richtung. Daraufhin deuten Sie der Reihe nach auf vier Kinder und sagen passend dazu:

„Eins, zwei, drei und vier –
kommt schnell her zu mir!"

Die betreffenden Kinder laufen in Ihre Richtung und werden von Ihnen per Handschlag verabschiedet. Dabei können Sie die Kinder auch fragen, ob sie sich heute wohlgefühlt haben und wie es ihnen gefallen hat.

Im Anschluss daran trommeln Sie erneut, sodass die Kinder wieder einzeln durch den Raum laufen. Deuten Sie nun auf vier andere Kinder, die zu Ihnen laufen, um von Ihnen per Handschlag verabschiedet zu werden.
Auf diese Weise geht es immer weiter, bis alle Kinder an der Reihe gewesen sind.

DAUMEN HOCH, WENN'S GEFALLEN HAT

BEWEGUNGSSPIEL

Alter ab 5 Jahren

Dazu brauchen Sie eine Handtrommel

Zu Beginn verteilen sich alle Kinder im Raum. Trommeln Sie nun einen beliebigen Rhythmus, zu dem die Kinder sich im Raum bewegen. Irgendwann hören Sie mit dem Trommeln auf. Daraufhin bleiben alle Kinder stehen. Sie können die Gruppe fragen, wer heute die Spielzeit als schön empfunden hat, besonders viel Spaß beim Spielen hatte oder das nächste Mal gerne wieder mitmachen möchte. Indem die betreffenden Kinder ihre Faust ausstrecken und mit dem Daumen nach oben zeigen, verdeutlichen sie den anderen, dass alles super gewesen ist.
Unabhängig davon, wie viele Kinder das letztendlich machen, starten Sie eine neue Spielrunde, indem Sie wieder trommeln.
Nach ein paar Durchgängen ist der „Frage-Antwort-Lauf“ beendet.

IM MITTELPUNKT

STUHLKREISSPIEL

Alter ab 4 Jahren

Dazu brauchen Sie eine Triangel

Die Kinder sitzen zusammen im Stuhlkreis. Ein beliebiges Kind, das Sie benennen, stellt sich in die Kreismitte und berichtet der Gruppe kurz und bündig, wie es ihm heute beim Spielen ergangen ist. Es teilt den anderen mit, was ihm besonders gut gefallen hat oder was vielleicht auch nicht so schön gewesen ist. Die übrigen Kinder hören aufmerksam zu und warten ab, bis das Kind die Augen schließt. Während sich das Kind nun um die eigene Achse dreht und dabei den linken Arm senkrecht zur Seite ausstreckt, laufen alle übrigen Kinder Hand in Hand rechts im Kreis herum. Sobald Sie die Triangel erklingen lassen, bleiben alle sofort stehen. Das Kind öffnet seine Augen und tauscht seinen Platz mit dem Kind, auf das es gerade deutet. Das betreffende Kind steht nun im Mittelpunkt und darf erzählen, wie es ihm heute ergangen ist. Auf diese Weise finden noch ein paar Durchgänge statt, bevor Sie das Spiel beenden. Diejenigen Kinder, die noch nicht in der Kreismitte gewesen sind, dürfen, bevor Sie alle verabschieden, erzählen, wie sie die gemeinsam verbrachte Spielzeit empfunden haben.

VORFREUDE

KREISSPIEL

Alter ab 4 Jahren

Die Kinder stehen eng beisammen im Kreis. Eines der Kinder beginnt und läuft auf ein anders zu, um das betreffende Kind mit beiden Händen abzuklatschen. Dabei sagt es laut:

„Ich freue mich, wenn du nächstes Mal wieder dabei bist!"

Die beiden Kinder wechseln ihre Plätze, sodass dasjenige Kind, das nun im Innenkreis steht, die Chance hat, in Richtung eines anderen zu laufen, um es mit beiden Händen abzuklatschen. Dabei sagt es voller Freude:

„Schön, dass du heute dabei gewesen bist. Ich freue mich schon auf unser nächstes Treffen!"

Auf diese Weise geht es immer weiter, bis alle Kinder zu Wort gekommen sind.

AUF DAS KOMMENDE FREUEN

STUHLKREISSPIEL

Alter ab 5 Jahren

Dazu brauchen Sie eine Handtrommel

Für das Abschlussspiel bildet die Hälfte der Gruppe einen großzügigen Stuhlkreis. Danach verteilen sich alle Kinder im Innenkreis.
Zum Rhythmus des Trommelspiels bewegen sich die Kinder kreuz und quer im Innenkreis herum. Stoppt das Trommelspiel sucht sich jedes Kind einen freien Stuhl im Kreis. Diejenigen Kinder, die keinen Sitzplatz haben, suchen sich jeweils ein Kind aus, das bereits einen Stuhl im Kreis ergattern konnte. Danach dürfen sich die zwei Kinder, die ein Paar bilden, gegenseitig kurz mitteilen, worauf sie sich bereits heute freuen. Das kann z. B. ein bestimmtes Spiel oder einfach das gemeinsame Quatschmachen und Lachen sein.
Danach setzt das Trommelspiel wieder ein, zu dem alle Kinder sich bewegen, bis es stoppt. Nach ein paar Spielrunden verabschieden Sie die Gruppe recht herzlich und teilen allen mit, worauf Sie sich jetzt schon in Bezug auf das nächste Treffen freuen. Das kann z. B. das gute Miteinander, die gemeinsame Spielfreude oder einfach die Freude auf die Gruppe sein.

TOLLES HAPPY END

KREISSPIEL

Alter ab 5 Jahren

Die Kinder stehen im Kreis beisammen. Fragen Sie die Kinder, ob ihnen die gemeinsame Spielzeit gefallen hat. Sollten ein paar Kinder nicht so richtig glücklich dabei gewesen sein, dann sprechen Sie erst einmal darüber, was man verbessern könnte, sodass alle das nächste Mal zufrieden sind. Sind nun alle Kinder happy, kann es losgehen. Wenn Sie „Happy!“ sagen, machen alle Kinder Hand in Hand einen großen Schritt in Richtung Kreismitte. Das Ganze wird so lange wiederholt, bis die Kinder eng zusammen im Kreis stehen. Während Sie nun laut „Happy End!“ rufen, strecken alle Kinder ihre Arme ruckartig in die Höhe und rufen dabei laut „Jawohl!“. Anschließend lassen sie sich gegenseitig los und applaudieren, bevor Sie sich von allen herzlich verabschieden.